MÉMOIRE

SUR

LE PROJET DE LOI

RELATIF

A LA LIBERTÉ D'ENSEIGNEMENT.

(Ce Mémoire, soumis à N. T. S. P. le Pape et à Nosseigneurs les Évêques, n'est en aucune manière destiné à la publicité.)

PARIS.
IMPRIMERIE D'ADRIEN LE CLERE ET Cie,
RUE CASSETTE, 29, PRÈS SAINT-SULPICE.

1850.

Une loi sur l'Instruction publique, réclamée depuis de longues années ; vainement essayée à plusieurs reprises; nécessaire, de l'aveu de tous, au salut de la société ; préparée avec le concours des plus anciens défenseurs de la liberté de l'Enseignement; présentée par le Ministre le plus dévoué à l'Eglise que la France ait possédé depuis long-temps ; soumise en ce moment aux délibérations de l'Assemblée législative, est devenue l'objet d'une controverse aussi affligeante qu'inattendue.

On s'attendait sans doute qu'un tel projet de loi exciterait les plus vives réclamations parmi les universitaires, puisque, dans la pensée de ses auteurs, il devait briser le monopole, et faire tomber les barrières qui fermaient aux catholiques et au clergé le libre accès de l'Enseignement. Et en effet, dès la première apparition de ce projet, des plaintes amères se firent entendre : tous les ennemis de la Religion s'écrièrent que M. de Falloux sacrifiait l'Université, livrait l'enseignement au Clergé, lui livrait même tout l'avenir de la France, dans les générations nouvelles, en qui cet avenir se prépare.

Il serait difficile d'exprimer, soit la persistance des luttes soutenues au sein des commissions, où s'est élaboré le projet de M. de Falloux; soit le désespoir des partisans de l'Université quand le rapport fait par M. Beugnot, au nom de la commission législative, a semblé promettre à la loi un succès certain ; soit enfin les explosions de joie et les cris de triomphe qui se sont élevés dans le camp universitaire, lorsque le déplorable vote du 7 novembre, en renvoyant au conseil d'État la loi tant redoutée, permit d'espérer qu'elle serait ou indéfiniment ajournée, ou profondément modifiée et dénaturée.

Mais, chose étrange! parmi les amis même de la liberté d'enseignement et de la liberté de l'Eglise, ce projet, dont la haine de nos ennemis indiquait si bien le véritable caractère et la portée, a rencontré des hésitations, des craintes, des défiances, qui, grossies et exagérées, se sont accrues jusqu'à devenir une polémique irritante, laquelle a été jusqu'à ce jour le principal obstacle au succès de la loi; et au moment décisif, pourrait en déterminer la ruine.

Examiner, discuter, éclaircir les points contestés, et les diverses objections soulevées par cette polémique : tel est le but de ce Mémoire.

Il se divisera en trois parties, et exposera successivement :

1° La situation actuelle de l'Enseignement en France ;

2° Les avantages de la loi nouvelle ;

3° Les objections faites contre cette loi, et ses inconvénients réels.

Ces trois éléments du débat sont indispensables et demandent à être sérieusement considérés ; car rien n'est plus nécessaire en ce moment que l'appréciation éclairée et équitable d'une loi tellement importante pour la société menacée, que sa discussion et les diverses phases qu'elle a subies sont devenues comme le principal champ de bataille de la politique ; et en même temps tellement importante pour la Religion, que de l'admission ou du rejet de cette loi dépend, on peut l'affirmer, l'avenir religieux de la France.

MÉMOIRE

SUR LE PROJET DE LOI

RELATIF A LA LIBERTÉ D'ENSEIGNEMENT.(1)

(Ce Mémoire, soumis à N. T. S. P. le Pape et à Nosseigneurs les Évêques, n'est en aucune manière destiné à la publicité.)

PREMIÈRE PARTIE.

SITUATION ACTUELLE DE L'ENSEIGNEMENT EN FRANCE.

La situation actuelle de l'enseignement en France, est, de l'aveu de tous les catholiques, intolérable.

C'est la ruine de la foi et des mœurs; c'est le plus grand péril de la société; c'est un objet de douleur et d'anxiété incessante pour l'Eglise depuis cinquante ans.

Le mal est ancien; il date de l'organisation de l'Université impériale; et il poursuit fatalement son cours, à travers toutes nos révolutions. Le monopole universitaire, si déplorablement accru par les funestes ordonnances de 1828, a été plus absolu, plus tyrannique que jamais depuis la révolution de 1830, malgré les promesses de la Charte. Nous semblions condamnés à voir chaque jour l'esprit d'indifférence et d'impiété philoso-

(1) Ce projet de loi a été présenté à l'Assemblée législative, le 18 juin 1848, par M. de Falloux, ministre de l'Instruction publique.

phique arracher, sans retour, toutes les générations naissantes aux familles chrétiennes et à l'Eglise.

Les *Congrégations religieuses*, exclues directement et persévéramment de toute participation à l'enseignement, soit dans les établissements de l'Etat, soit dans les établissements ecclésiastiques eux-mêmes, sont restées sous le coup de mesures exceptionnelles et odieuses, dont les ennemis de la Religion se font contre elles un prétexte et un moyen pour arriver, s'il était possible, à les détruire bientôt plus complètement.

Les Petits-Séminaires, cette pépinière du sacerdoce, bien loin d'offrir un dernier refuge aux enfants des familles chrétiennes, gémissent encore sous des entraves et des difficultés de telle nature, que l'éducation ecclésiastique en est profondément atteinte à sa source.

L'exigence du *certificat d'études*, modifiée seulement depuis quelques jours, et par une simple ordonnance, qui est de sa nature toujours révocable, prive de toute carrière civile tous les élèves qui ont étudié, soit dans les Petits-Séminaires, soit dans les maisons religieuses, en France ou hors de France.

Nulle Institution, nulle Maison d'éducation chrétienne ne peut librement s'établir, ni exister.

Les conditions de *grades*, d'*examen*, de *capacité*, d'*inspection*, sont devenues plus onéreuses, plus vexatoires que jamais.

Les *programmes*, les *méthodes*, les *règlements*, les *livres*, la *discipline intérieure*, tous les détails les plus délicats de l'éducation, sont soumis aux assujétissements les plus pénibles.

Dans l'*instruction primaire* le mal a dépassé toute mesure.

Les *Écoles normales*, qui forment les instituteurs, n'ont été, à peu d'exceptions près, que des séminaires de socialisme et d'irréligion.

Les *maîtres d'école* jouissent d'une indépendance et d'une inamovibilité, qui leur permettent de devenir, dans chaque village, les plus dangereux ennemis de la société, et les antagonistes, en quelque sorte officiels, des ministres de la Religion.

Les *Congrégations religieuses*, qui sont si nécessaires à l'éducation chrétienne du peuple, et qui voudraient s'y dévouer, sont la plupart du temps arrêtées par défaut d'autorisation, ou entravées par des difficultés de tout genre.

Il n'est pas même permis à des personnes charitables d'instruire *gratuitement* les enfants pauvres : l'amende et la prison sont le seul prix que le monopole universitaire leur réserve.

Quant aux *établissements* de *l'Université*, on sait dans quel déplorable état ils se trouvent ; et combien la Religion, les mœurs, les familles, la société, ont à gémir des conséquences de l'éducation qu'y reçoit depuis un demi-siècle toute la jeunesse française.

En un mot, il existe une *Corporation* forte par sa hiérarchie, irresponsable par sa constitution, absolue dans l'exercice de son pouvoir, aux yeux de laquelle l'Eglise est une ennemie, sur laquelle le gouvernement lui-même ne peut presque rien, et à laquelle le pays tout entier pourrait peut-être adresser ce reproche, qu'elle a préparé tous ses maux, et qu'elle tend à perpétuer tous ses périls.

Véritable état dans l'Etat ; puissance singulière, investie d'un domaine universel sur les intelligences ; espèce d'église laïque, dotée, rentée, privilégiée, ayant à sa disposition les plus grands, les plus redoutables moyens d'action, cette Corporation est l'unique et souveraine maîtresse de l'éducation de la jeunesse en France.

Elle agit :

Par un *conseil* souverain, arbitraire, sans responsabilité réelle, puissant pour le mal, impuissant pour le bien ;

Par des *académies*, qui ne sont que des agents dépendants et passifs du grand conseil universitaire ; privées de toute initiative, de toute liberté d'action ;

Par des *recteurs* et des *inspecteurs*, à peu près aussi indépendants de l'Etat lui-même et de la société, que dépendants de l'Université :

Le tout formant, constituant une centralisation gouvernementale, administrative, dont l'immense réseau s'étend depuis la salle d'asile jusqu'à l'enseignement supérieur, embrasse tout, en un mot, et ne laisse rien échapper.

Telle est la situation qui dure depuis un demi-siècle en France, et qui se perpétue malgré les chartes, les constitutions et les révolutions; qui résiste à tout, qui se fortifie au milieu même des attaques; que jusqu'ici rien n'a pu renverser, ni entamer, et que M. de Falloux le premier a courageusement essayé de changer.

Ce système est appliqué depuis cinquante ans : l'expérience en est faite; et il n'y a pas une partie du sol de la France, pas une ville, pas un village, on pourrait presque dire pas une famille, qui n'en voie, qui n'en touche, qui n'en porte les résultats. De toute part les âmes se perdent; la foi est enlevée à l'enfance et à la jeunesse; les mœurs disparaissent; les nouvelles générations se corrompent et meurent dans l'atmosphère empoisonnée de l'éducation publique. Tandis que le plus funeste enseignement égare les esprits les plus cultivés, la détestable influence des instituteurs primaires, couverte d'une inviolabilité inouïe, achève de jeter dans les populations des campagnes le venin de l'impiété et du socialisme. Non, rien ne peut faire comprendre, au point de vue moral et religieux, le déplorable état de la société, telle que l'a faite, telle que continue à la faire l'enseignement public parmi nous : cette perte de toute foi, ce mépris de toute loi, cette absence de toute notion morale, cet amour effréné du bien-être, cette passion de jouir, cette ambition sans mesure, cette impatience de tout joug et de toute autorité, cette ruine profonde du respect, cette folie de l'indépendance et de l'orgueil, ce *démocratisme* sauvage qui nie tout pouvoir divin et tout pouvoir social : tous ces maux, on en convient maintenant, viennent en grande partie de l'éducation donnée à la jeunesse française depuis cinquante ans. Certes, tout esprit qui voit de haut les choses de cette terre, doit en être épouvanté pour le présent et pour l'avenir, pour l'Eglise et pour la société.

Examinons maintenant, en face de cette situation et de

ses imminents dangers, quelles sont les principales dispositions du nouveau projet de loi, les changements qu'il opère, les réformes qu'il propose, et le régime pratique qui en résulterait : ses *avantages* enfin, et ses *inconvénients*.

DEUXIÈME PARTIE.

AVANTAGES DU NOUVEAU PROJET DE LOI.

Pour porter remède à une si déplorable situation, les amis de l'Eglise ont toujours demandé trois choses principales :

I. L'affranchissement des Petits-Séminaires ;

II. La liberté de l'Enseignement privé, soit secondaire, soit primaire, qui seule peut contrebalancer la mauvaise influence de l'Enseignement public ;

III. La réforme de l'Enseignement public lui-même, autant que cette réforme est possible.

Or, sur ces trois points fondamentaux, qui résument tout, le nouveau projet de loi opère douze réformes principales :

1° Les *ordonnances de* 1828 sont abrogées (Art. 85, du Projet de loi amendé par la commission législative. — Rapport de M. Beugnot, p. 100, 102.) ;

2° Le *certificat d'études* n'est plus exigé (Art. 69.) ;

3° Les *Petits-Séminaires* sont affranchis (Art. 76.) :

4° Les *grades* obligatoires pour tous ceux qui veulent enseigner sont abandonnés (Art. 66.) ;

5° Les *Congrégations religieuses* cessent d'être exclues du droit commun (Art. 66. Rapport pag. 94, 95.) ;

6° La liberté de *l'Enseignement charitable* est proclamée (Rapport, p. 58.) ;

7° *L'inamovibilité des maîtres d'école* est abolie (Art. 29.) ;

8° Les *écoles normales primaires* disparaissent (Art. 33, 34.) :

9° Le *monopole* de l'enseignement est renversé (Art. 66.) ;

10° La *corporation*, la *hiérarchie universitaires* sont elles-mêmes profondément modifiées et transformées (Titre Ier.) :

11° La *centralisation* gouvernementale et administrative de l'Université disparaît avec les comités cantonnaux, — avec les comités d'arrondissement,—avec les conseils académiques actuels,—avec le grand conseil de l'Université,—avec la hiérarchie des inspecteurs. — Toutes ces institutions dont on avait tant à se plaindre sont supprimées ou complètement changées (Art. 7, 9, 10.);

12° Enfin la société en péril et l'État menacé font appel à l'Église, et lui demandent son secours pour opérer de concert avec elle la réforme de l'instruction publique (Art. 1, 10, 44.).

Voyons maintenant en détail ce qui résulte de ces profondes modifications :

— Pour l'affranchissement des Petits-Séminaires :

— Pour la liberté de l'enseignement privé, soit secondaire soit primaire :

— Pour la réforme de l'enseignement public.

I.

Affranchissement des Petits-Séminaires.

Les Petits-Séminaires sont affranchis, car :

1° *Les ordonnances de 1828 étant abrogées,* comme l'attestent les déclarations expresses et réitérées du rapport de la commission législative (pag. 100, 102); il s'ensuit que, contrairement au régime odieux qui existe depuis vingt ans, et que nous subissons encore :

Le nombre des élèves n'y est plus limité;

L'odieuse injonction de faire porter à de jeunes enfants l'habit ecclésiastique tombe d'elle-même;

Le choix du Supérieur n'est plus soumis à l'approbation du Gouvernement;

Les membres des Congrégations religieuses peuvent-être admis à l'enseignement et à la direction dans ces établissements, dont ils étaient si indignement exclus.

2° *Le certificat d'études étant aboli,* il s'ensuit que tous les élèves des Petits-Séminaires peuvent se présenter désormais sans distinction et sans exception à l'examen du baccalauréat : que les carrières civiles ne se ferment plus devant ceux dont la vocation au sacerdoce ne se confirme pas ; et qu'ainsi la crainte de compromettre l'avenir de leurs enfants, n'empêchera plus tant de familles honorables de confier leur éducation aux écoles ecclésiastiques.

3° Enfin les Petits-Séminaires demeurant des *écoles ecclésiastiques spéciales*, conformément aux décrets du saint Concile de Trente, sous l'autorité, la direction et la juridiction immédiate des Évêques, les Supérieurs non plus que les Professeurs ne sont assujétis à aucune condition légale d'examen, de capacité, de moralité, de stage, etc. (Art. 76-66 et suiv.)

Quant à la *surveillance*, dont le mot n'a pas pu être retranché de la loi, PARCE QU'IL EST DANS LA CONSTITUTION, on a du moins obtenu :

Qu'elle fût purement d'ordre public ;

Qu'elle ne pût s'étendre ni à l'éducation religieuse, ni aux règlements disciplinaires, ni à l'enseignement et aux programmes d'étude ;

Qu'elle fût restreinte à ce qu'on est convenu d'appeler le respect des lois, la moralité publique, et l'hygiène (Art. 19.) ;

Et enfin le Gouvernement, ainsi que le demande la commission de l'Assemblée législative, devra *se concerter avec les Évêques* pour exercer cette surveillance d'accord avec eux, et de manière à ne froisser en rien *les droits* de l'Episcopat (pag. 101. 102.).

« La commission, dit le rapport dans un langage dont nous » devons remarquer la grave et religieuse expression, trouve de » grands inconvénients à enlever aux Petits-Séminaires le ca- » ractère qui leur est imprimé par les lois de l'Eglise. Le pou- » voir de l'Evêque sur son Petit-Séminaire est pour nous un » gage si assuré de tout ce que nous demandons en faveur de » la jeunesse, que nous craindrions de l'affaiblir. »

Telles sont les principales dispositions par lesquelles le nouveau projet de loi, si on ne le fait pas échouer, affranchit les Petits-Séminaires, et rend enfin à ces précieux établissements une liberté qui est tout à la fois un droit et une nécessité pour l'Eglise.

II.

Liberté de l'Enseignement secondaire.

1° *L'autorisation préalable* de l'Université, sans laquelle nulle institution chrétienne ne peut librement s'établir, est supprimée (Art. 66.).

2° *Nul grade, nul brevet de capacité, nul stage,* AUCUNE CONDITION QUELCONQUE, ne sont exigés ni des préfets d'étude ou de discipline, ni des maîtres d'étude, ni des surveillants, quels qu'ils soient, ni des professeurs, pas même des professeurs de rhétorique et de philosophie. — Les derniers projets de loi exigeaient quatre licenciés au moins par établissement, et de plus, que TOUS les professeurs, et même TOUS les SURVEILLANTS, fussent bacheliers.

3° *Le simple diplôme de bachelier ès-lettres,* si facile à obtenir à l'âge où l'on finit les premières études, suffit pour le chef de l'établissement, qui est seul astreint à fournir une preuve de capacité (Art. 66.).

Ce grade si simple n'est pas même exigé de lui absolument.

Ceux qui éprouveraient quelque répugnance à subir l'examen du baccalauréat, pourront y suppléer au moyen d'un brevet de capacité délivré par le Conseil départemental (Art. 66, 68.).

4° Quant au *stage,* il n'est aussi exigé que du chef de l'établissement.

Il suffit donc, par diocèse, par département, d'un seul stagiaire, si ce stagiaire est pourvu d'un diplôme de bachelier ès-lettres, ou d'un brevet de capacité, pour établir en France, et immédiatement, si l'on veut, quatre-vingt-six colléges de plein exercice, indépendamment des cent dix ou cent vingt Petits-Séminaires actuellement existants et affranchis. Ce sont donc deux cents maisons d'éducation chrétienne, qui pourraient immédiatement exister, et où les familles trouveraient enfin pour leurs enfants, avec les lettres et les sciences, la religion, les mœurs, et toutes les garanties d'un enseignement également brillant et solide.

Il y a encore quatre choses à remarquer relativement au stage :

Le stage est valable, qu'il ait été fait dans les établissements libres ou officiels, ecclésiastiques ou laïques, dans des établissements actuels, ou dans ceux qui auraient cessé d'exister (Art. 77; Rapport, p. 115.).

Le Conseil supérieur pourra toujours en prononcer la dispense (Rapport, p. 91.).

Enfin, cette condition du stage sera d'autant moins onéreuse pour le clergé, soit séculier, soit régulier, qu'il posède dans son sein un nombre considérable de sujets qui l'ont déjà accomplie. Les congrégations religieuses même, qui n'ont pu, depuis de longues années déjà, se dévouer en France à l'éducation de la jeunesse, possèdent néanmoins un assez grand nombre de sujets ayant exercé les fonctions de la surveillance ou du professorat, soit dans les Petits-Séminaires, soit même quelquefois dans les établissements universitaires, et elles peuvent par conséquent profiter immédiatement de la liberté consacrée par la loi : — la loi d'ailleurs, comme il ne faut jamais l'oublier, ne demandant qu'un seul stagiaire par établissement.

5° Les membres des *congrégations religieuses* non reconnues par l'Etat, sont admis de plein droit, dans tous les établissements, quels qu'ils soient, à la faculté d'enseigner.

Il ne saurait y avoir, comme le dit expressément le rapport, aucun doute à cet égard ; voici ses propres paroles (P. 94, 95) :

« Les membres des Congrégations religieuses non reconnues » par l'Etat pourront-ils ouvrir et diriger des établissements d'in- » struction secondaire, ou y professer ?

» La réponse ne peut être douteuse. Nous réglons l'exercice » d'un droit public à la jouissance duquel sont appelés tous les » citoyens, sans autre exception que ceux dont l'immoralité a

» été déclarée par un arrêt de la justice. Nous disons avec le » rapporteur du projet de loi présenté à l'Assemblée constituante : « La République n'interdit qu'aux ignorants ou aux » indignes le droit d'enseigner. Elle ne connaît pas les corporations; elle ne les connaît ni pour les gêner, ni pour les protéger; elle ne voit devant elle que des professeurs.

» Si nous voulions étendre, par des motifs étrangers à l'objet » spécial de cette loi, le cercle des interdictions, nous ne saurions où nous arrêter; le droit d'enseigner deviendrait le privilége de quelques uns, l'égalité et la Constitution seraient » violées. Ainsi donc nul doute : d'après le projet de loi, les » membres des associations religieuses non reconnues, dans lesquels nous ne voyons, nous aussi, que des citoyens *auxquels » nul n'a le droit de demander ce qu'ils sont devant Dieu et leur » conscience*, jouiront de la faculté d'enseigner, parce que cette » faculté est un droit civil, et qu'ils possèdent tous les droits de » ce genre.

» Plus tard l'Assemblée déterminera le mode d'exercice et les » limites d'un autre droit, du droit d'association; elle fera alors » ce que l'intérêt public et le respect de la liberté de conscience » et des cultes lui conseilleront; mais devancer l'époque où la » discussion sera ouverte sur ce point, et introduire dans le projet de loi actuel la clause du serment imposé aux instituteurs » de n'appartenir à aucune Congrégation religieuse non reconnue, que contenaient les anciens projets de loi, et qui suscita » de si énergiques protestations, ce serait défigurer celui dont » nous nous occupons, et transformer une œuvre de justice et » d'égalité en un acte empreint de terreurs frivoles ou d'incurables préjugés. »

6° Le *certificat d'études* étant supprimé, seront admis à l'examen du baccalauréat tous ceux qui se présenteront, quelle que soit l'école dans laquelle ils auront été élevés, quels qu'aient été leurs maîtres, laïques ou ecclésiastiques; qu'ils viennent d'un collége de l'Etat, ou d'un collége étranger.

7° Aucune entrave n'est imposée à la liberté des *méthodes* et des *règlements*.

8° Les écoles libres ne sont soumises en rien à *l'administration*, ni à la *direction* des autorités, mais seulement à une surveillance *d'ordre public* strictement définie, et rigoureusement limitée (Art. 19.).

C'est manifestement et exclusivement dans ce sens que doit s'entendre l'interdiction des livres par le Conseil supérieur : Elle ne pourra porter que sur les livres contraires aux bonnes mœurs ou au respect des lois (Rapport, pag. 23.).

9° La loi autorise les communes, les départements et l'Etat à donner un *local et une subvention* notable, quoique restreinte, aux institutions libres. Cet article a les conséquences les plus décisives pour la liberté de l'enseignement et la rapide propagation des institutions chrétiennes (Art. 75.).

10° Les *curés* auront la faculté, *sans aucune espèce de stage ni de grade*, de réunir et d'élever chez eux plusieurs enfants, pourvu que cette réunion ne soit pas assez nombreuse pour former une pension proprement dite (Rapport, pag. 102, 103.).

On le voit : si le projet de loi n'est pas aveuglément repoussé, les établissements de bonne et religieuse éducation pourront se fonder, exister, se multiplier, se développer librement sur toute la face de la France, autant que la sollicitude des familles peut le désirer, autant que le zèle du clergé et la générosité des catholiques y pourront suffire.

III.

Liberté de l'enseignement primaire.

Le nouveau projet de loi fait encore ici les réformes et les améliorations les plus considérables : il consacre : la liberté de l'enseignement charitable ; la liberté des pensionnats primaires ; la liberté des associations religieuses ; et de plus il supprime les écoles normales, et détruit l'inamovibilité de l'instituteur communal, et son indépendance vis-à-vis du curé :

1° Tandis que, sous le régime actuel, quiconque se dévoue à enseigner, même *gratuitement*, les premiers éléments de l'écriture ou de la lecture, est poursuivi comme coupable d'un délit ; tandis que le prêtre lui-même ne peut, sans s'exposer à l'amende et à la prison, apprendre l'alphabet à ceux à qui il enseigne le cathéchisme ; sous la nouvelle loi, *l'Enseignement charitable* recouvre enfin sa liberté :

« La loi, dit le rapport de la commission législative, doit être » exécutée, mais avec discernement et en respectant le bien » partout où il se fait, et les coutumes que l'esprit de charité a » établies. Il s'agit de garantir l'Instruction primaire contre toute » corruption possible, contre tout danger réel, et non de faire » sentir jusque dans les hameaux la main d'une autorité exclu- » sive et jalouse.

» Ainsi liberté aux personnes charitables d'enseigner gratui- » tement à lire et à écrire, et de faire le catéchisme aux en- » fants ; liberté pour les curés et les vicaires de remplir ce pieux » devoir ; liberté aussi et encouragements, s'il se peut, à ces » pauvres *sous-maîtres*, dont parlait naguère, avec un si tou- » chant intérêt, le conseil général du Jura, qui, « fixés pendant » les mois d'hiver à la glèbe ingrate de l'instruction, dans l'in- » térêt des plus misérables habitants des montagnes, vont offrir » leurs bras pendant l'été, aux travaux de la terre, et paient eux- » mêmes et entretiennent, par leurs faibles économies, comme » laboureurs et faucheurs, leur dévouement pendant la mau- » vaise saison. » Nous ne voulons rien de plus que la répression » de la fraude et de la cupidité (p. 58.). »

2° Les *Pensionnats primaires*, dont la création était due particulièrement aux Frères de la Doctrine chrétienne, et qui rendaient de si grands services, mais qui sont empêchés aujourd'hui par une interprétation inique de la loi de 1833, peuvent désormais s'ouvrir, sans aucune autorisation préalable, aux conditions les plus faciles (Art. 49.).

« Nous ne saurions trop applaudir aux succès obtenus par
» des pensionnats primaires établis dans un esprit de désintéres-
» sement et de charité. Les pensionnats de cette sorte préparent
» à l'éducation professionnelle qui s'est développée dans ces
» derniers temps, sous l'influence des progrès de l'industrie. Il
» est à souhaiter que ce genre nouveau d'éducation prenne son
» point d'appui dans la religion et la morale ; car, ceux aux-
» quels il s'adresse sont appelés à une vie pénible, où de bons
» et sages principes sont le premier élément de succès et de
» bonheur (Rapport, p. 79.). »

3° Les *Associations religieuses*, qui veulent se consacrer à l'enseignement du peuple et des pauvres, étaient prohibées, entravées, arrêtées en toutes manières. On refusait de les autoriser ; ou bien, après les avoir autorisées dans un département, on leur défendait d'aller dans un autre : on leur rendait l'accès de toutes les écoles communales presque impossible.

Dans la loi nouvelle, au contraire, de grandes facilités leur sont offertes. Ainsi :

— Les communes sont libres de choisir pour instituteurs communaux des membres des associations religieuses (Art. 29.).

— Les supérieurs des Associations religieuses, consacrées à l'enseignement et reconnues par l'Etat, exercent le droit de présentation et le droit de révocation, à l'égard de tous leurs sujets (Art. 29.).

— Les membres et novices des mêmes Congrégations sont exempts du service militaire (Art. 31.).

— Les *lettres d'obédience* tiennent lieu aux religieuses de *brevet de capacité* (Art. 55.).

Et il n'a tenu qu'à *une seule voix* que cet avantage fût accordé à tous les membres des associations religieuses en général : on l'obtiendra peut-être de l'Assemblée.

4° Le stage dispense de tout examen de capacité (Art. 23.).

On le sait, l'*examen de capacité* avait les plus graves inconvénients pour l'humilité, l'obéissance et le bon esprit des jeunes gens appartenant aux Congrégations religieuses. C'est pour obvier à ces inconvénients, que le stage, si facile d'ailleurs à faire accomplir par ces jeunes gens, les dispense de tout examen et brevet de capacité.

5° Tout titre, tout diplôme, toute preuve légale de capacité pourra équivaloir au brevet, et dispenser de l'examen (Art. 23.).

6° Les écoles normales, si dangereuses, si puissantes pour le mal, et qui ont si déplorablement dénaturé le caractère et la mission des instituteurs primaires, disparaissent (Art. 33, 34 et 35.).

7° Toute inamovibilité est enlevée à l'instituteur communal (Art. 29.).

8° Le comité local est supprimé, et l'instituteur remis sous la surveillance immédiate et spéciale du curé dans chaque commune, non-seulement en ce qui regarde la religion, mais aussi pour la direction morale de l'Enseignement primaire (Art. 44.).

La funeste indépendance de l'instituteur, vis-à-vis du curé, disparaît donc en même temps que son inamovibilité.

C'est ainsi que la loi nouvelle, si l'unanimité des amis de l'ordre détermine son adoption, d'une part affranchit la puissance du bien ; de l'autre, renverse par des coups décisifs la puissance du mal : et par là satisfait à ce que réclament également les vœux de la Religion, et les périls de la société.

IV.

Réforme de l'Enseignement public.

Tous les points exposés jusqu'ici, n'ont guère souffert de contestation, que de la part de ceux, en très-petit nombre, qui n'avaient pas compris d'abord la sage réserve et la profonde délicatesse du projet de loi de M. de Falloux, et de son exposé des motifs. Mais le rapport de M. Beugnot et les amendements si explicites de la commission, n'ont plus laissé de doute à personne ; et ils ont aidé d'ailleurs à comprendre de quelle importance et de quelle habileté il avait été de laisser l'Assemblée nationale elle-même prendre l'initiative de certaines décisions plus graves et plus difficiles, comme l'affranchissement des Petits-Séminaires et la suppression des écoles normales.

Aujourd'hui, les avantages immenses et inespérés que nous venons de rappeler, sont devenus si clairs pour tous les yeux, qu'il n'y a plus guère, à cet égard, aucune contestation sérieuse.

Toute l'opposition s'est donc reportée et concentrée sur cette autre partie de la loi, qui traite de la réforme de l'Enseignement public, et dont nous allons nous occuper.

La première question qui se présente est celle-ci : Fallait-il négliger absolument cette réforme?—En ôtant à l'Université le monopole légal, fallait-il la laisser subsister telle qu'elle est, et ne pas même examiner s'il y avait quelques efforts à faire pour la transformer et l'améliorer?

Cette question ne pouvait en être une pour des législateurs catholiques, pour des législateurs honnêtes, pour des hommes de bon sens. En effet, les établissements universitaires sont les seuls établissements d'éducation existants aujourd'hui : de leur bonne ou mauvaise organisation intérieure, de leur bon ou mauvais gouvernement, depend chaque année la perte ou le salut de plusieurs millions d'enfants ; et peut-être pendant long-temps encore, tout l'avenir moral de ce pays. Qui oserait dire que des législateurs religieux devaient demeurer indifférents à un tel intérêt ; surtout quand on pense que les établissements universitaires ne sont dotés que par leurs votes, et ne se soutiennent qu'aux frais d'une nation en immense majorité catholique?

Abandonner l'Université à elle-même ; laisser, comme on l'a dit quelquefois, les établissements de l'Etat devenir ce qu'ils voudront, cela a pu se dire dans l'ardeur de la polémique et trouver place dans une brochure : mais un projet de loi pouvait mieux dire, et des législateurs sensés devaient mieux faire.

Mais, demandera quelqu'un, pourquoi ne pas détruire complètement l'Université, et en finir ainsi avec le mal d'un seul coup? — Cette question peut-elle être posée sérieusement par un homme de bon sens et de bonne foi? On a détruit l'Université autant qu'on l'a pu, en la détruisant comme corporation; mais on ne pouvait aller plus loin, sans attaquer brutalement l'existence des individus, et sans faire un bouleversement énorme, qui du reste n'a jamais été demandé par personne? — A-t-on bien pensé qu'il ne s'agirait de rien moins que de prononcer d'un seul coup la suppression des quatre à cinq cents colléges que l'Etat possède actuellement; la destitution des cinq à six mille professeurs et autres fonctionnaires de l'Instruction secondaire, et des quarante mille instituteurs primaires qui dépendent de l'Université; l'abandon de près de cent mille enfants que compte l'Instruction secondaire, et des deux ou trois milions qui remplissent les écoles primaires? Encore une fois, voilà ce qui n'a jamais été demandé, ce qui ne pouvait l'être sérieusement par personne.

Ainsi on ne pouvoit ni détruire l'Université, ni la laisser subsister telle qu'elle était. Il fallait donc tâcher de l'améliorer et de la transformer : c'était une conséquence nécessaire; et tout à la fois un impérieux devoir.

Mais comment y parvenir?

Il y avait deux moyens, tous deux nécessaires et qui ne devaient point être séparés :

Le premier, c'était d'établir la liberté de l'enseignement, la libre concurrence;

Le second, de donner à l'enseignement public une organisation nouvelle.

Quant à la liberté, le projet de loi l'établit; la preuve en a été surabondamment fournie : mais ce moyen ne pouvait suffire.

Les réformes apparentes que la seule crainte de la concurrence eût imposées à l'Université, n'auraient eu aucune racine profonde; et, comme celles qui, en d'autres temps, n'eurent pour principe que la crainte de l'autorité ministérielle, ces réformes n'auraient abouti qu'à une courte et funeste hypocrisie, suivie d'une longue et amère déception.

Il fallait donc qu'un autre moyen vînt se joindre au premier et le fortifier. En même temps qu'au dehors, la liberté d'enseignement servirait à stimuler les membres de l'Instruction publique et officielle, il fallait qu'une organisation toute nouvelle vînt changer la nature et le fond même de l'Institution universitaire ; combattre les mauvaises influences qui la dominent ; atteindre profondément et constamment les vices qu'elle renferme ; y introduire des éléments plus sains et plus purs ; délivrer les professeurs du système funeste qui pèse sur eux aujourd'hui ; corriger l'esprit de corps qui vicie leur action ; briser la solidarité des mauvais et des bons, et permettre enfin à ceux-ci de travailler avec le juste espoir de regagner la confiance des familles.

Nous le répétons : ces deux moyens : la liberté au dehors ; une nouvelle organisation au dedans, étaient aussi inséparables que nécessaires.

C'est dans cette double pensée que :

On a détruit non-seulement le monopole universitaire, mais tout le système impérial, et toute la centralisation de l'Université.

On a appelé à la surveillance, au contrôle, à la vigilante direction de l'enseignement public, les représentants les plus élevés de la société, toutes les forces les plus vives du pays, tous ceux qui sont les gardiens les plus naturels et les plus sûrs des intérêts publics et des bonnes mœurs.

Enfin, au-dessus de tous ces corps, de toutes ces forces, de toutes ces bonnes volontés, la société, qui a appris, dans ses malheurs, à connaître la puissance bienfaisante de l'Eglise, a invoqué son secours, et sollicité, dans la mesure où ce secours pourrait lui être accordé, sa salutaire intervention.

Voici en quel digne langage le rapporteur de la commission s'exprime à cet égard :

« Lorsque la société tout entière, avec sa religion, ses mœurs,
» ses plus précieux intérêts, ses saintes et éternelles lois, est
» devenue tout à coup l'objet d'attaques aussi audacieuses que

» multipliées; quand les notions élémentaires de la vérité, de la » justice et du droit, sans lesquelles aucune association humaine » ne saurait exister un seul jour, ont eu besoin d'être expli- » quées et défendues; quand un désordre moral dont nul ne » pressentait la profondeur, s'est révélé au milieu de nous, alors » tous les hommes sages, tous les amis sincères de la patrie ont » compris qu'il ne s'agissait plus de savoir par qui et dans quelle » mesure précise le bien se ferait, mais qu'il fallait recueillir » toutes les forces morales du pays, s'unir intimement les uns » aux autres pour combattre et terrasser l'ennemi commun, » qui, victorieux, ne ferait grâce à personne. » (Rapport de M. Beugnot.)

Ainsi donc, on a voulu qu'il n'y eût plus ni corporation, ni hiérarchie, ni gouvernement universitaire; on a voulu substituer la société elle-même à l'Université dans la haute direction de l'enseignement; on a voulu que le clergé apportât son concours à cette grande œuvre; et pour réaliser tout cela :

1° On a *dissous l'ancien conseil* universitaire.

Dans le *nouveau Conseil*, on n'a laissé les anciens chefs de l'Université qu'en une très-faible minorité (8 sur 26), entourée, contenue, dominée par les représentants librement élus de la magistrature, du conseil d'Etat, de l'Institut, de l'enseignement libre, de l'Episcopat.

On a établi ainsi un *conseil supérieur*, élevé par sa composition, et maintenu tout à la fois par la nature, l'étendue et les limites de ses attributions, au-dessus de toutes les routines, de toutes les passions, de tout esprit de corps, de tout intérêt exclusif.

2° Si on a accordé une place aux anciens chefs de l'Université, dans la section dite *de permanence*, c'a été avec les précautions les plus sévères et les plus propres à empêcher qu'ils ne reprissent par là leur influence : il a été réglé :

Que les membres de la *section permanente* pourront et devront être choisis parmi les membres de l'enseignement libre et de l'enseignement officiel (Rapport, p. 20.) :

Qu'ils n'auront aucune espèce de rapports avec les établissements libres (Art. 6.);

Qu'ils n'auront même, quant aux affaires de l'enseignement officiel, que des fonctions de pure administration matérielle, et ne seront ainsi, dans un rang plus élevé, que comme huit chefs de bureau ou de division auprès du Ministre de l'Instruction publique (Art. 6.);

Que tout ce qui regarde la *direction*, le *gouvernement*, la *haute administration* de l'Instruction publique ne relèverait que du conseil supérieur, et n'appartiendrait qu'à lui seul (Art. 5.).

3° Les *Académies* actuelles, qui ne sont que les agents passifs du conseil de l'Université, qui ne peuvent qu'obéir servilement à l'impulsion partie de là, ont été dissoutes, profondément bouleversés dans leur composition, dans leur ressort, dans leurs attributions; et remplacées dans chaque département par un conseil investi des fonctions les plus importantes, et revêtu d'une autorité morale plus considérable encore que son autorité légale (Art. 10, 12, 13, 14 et suiv.).

Ce conseil aura une action locale, immédiate, toujours présente; éclairée, impartiale, efficace. Sur onze membres dont il se compose, il pourra n'y en avoir *qu'un seul* appartenant à l'enseignement officiel. Ce ne sera plus l'Université, ce ne sera plus même l'Etat, mais la société tout entière qui y sera représentée, sur tous les points du pays, par ses forces les plus vives.

4° La *hiérarchie actuelle* des recteurs et des inspecteurs sera décentralisée et détruite; les recteurs, les inspecteurs-généraux, les inspecteurs de l'Académie seront désormais pris également parmi les membres appartenant à l'enseignement libre, et parmi ceux appartenant à l'enseignement officiel (Art. 17, 18, 19.).

« C'est ainsi que cette loi, comme dit le rapport, enlève à » l'Université sa suprématie, ses priviléges, ce qui forme ce » qu'on appelle son monopole. Le gouvernement de l'instruc-

» tion générale va passer des mains d'un seul aux mains de » tous, en vertu de ce principe, dont le projet de loi poursuit » sans cesse l'application, à savoir que les gouvernés pourront » tous devenir gouvernants à leur tour. »

5° Il importe de rappeler encore que ni les *inspecteurs*, ni le *conseil supérieur*, ni les *conseils académiques* départementaux, n'ont à prétendre aucune autorité *ni d'administration, ni de direction quelconque* sur les INSTITUTIONS LIBRES, et qu'ils ne peuvent y exercer que la *surveillance d'ordre public* définie plus haut, restreinte à ce qui touche l'*hygiène*, la *moralité publique, le respect des lois*, et à laquelle elles ne peuvent se soustraire sous la constitution qui nous régit.

6° Enfin, le Clergé intervient :

Pour être, dans les conseils publics, le gardien de la liberté d'enseignement, et le protecteur de tous les établissements libres :

Pour aider, surtout en ce qui touche la direction religieuse et morale, à la réforme de l'Instruction publique dans les établissements de l'Etat.

Ainsi non-seulement la liberté d'enseignement primaire et secondaire est établie, aux conditions les plus faciles et les plus simples;

Non-seulement les Petits-Séminaires sont affranchis;

Non-seulement la corporation et l'ancienne hiérarchie universitaire se dissolvent dans une profonde transformation;

Non-seulement la centralisation gouvernementale et administrative est abolie par la création des conseils départementaux;

Non-seulement c'est la société elle-même qui se substitue à l'Université, à l'État, pour le gouvernement et la surveillance de l'Instruction publique;

Mais de plus :

C'est le Clergé de France tout entier, représenté dans le

conseil supérieur par les trois Évêques, élus de tous leurs collègues;

Représenté dans les conseils départementaux par les quatre-vingt-un Évêques et par les quatre-vingt-six ecclésiastiques de leur choix;

Représenté dans toutes les paroisses par les quarante mille curés exerçant sur l'instruction primaire l'action la plus immédiate, la plus constante, la plus salutaire;

Aidé d'ailleurs de tous les ecclésiastiques et de tous les laïques fidèles, qui entreront dans l'enseignement libre autant qu'ils le voudront;

Aidé aussi de de toutes les Congrégations religieuses reconnues et non reconnues par l'Etat, et qui entreront également, autant qu'il conviendra à leur zèle, dans l'enseignement primaire et secondaire :

C'est le Clergé de France, avec toutes ses forces les plus élevées, les plus libres, les plus puissantes, qui est invité par l'État lui-même, par les grands pouvoirs de la nation, à venir au secours de la société menacée, en demeurant d'ailleurs dans toute la plénitude de ses droits;

« Qui s'étonnerait, dit le rapporteur de l'Assemblée, que » l'ÉPISCOPAT FRANÇAIS fût appelé à veiller, par l'intermédiaire » des trois délégués qu'il possédera dans le sein du conseil, » SUR LA DIRECTION RELIGIEUSE ET MORALE de l'éducation pu- » blique? ARBITRES SOUVERAINS SUR TOUTES LES MATIÈRES QUI » TOUCHERAIENT, DE PRÈS OU DE LOIN, A DES VÉRITÉS DONT ILS SONT » LES GARDIENS NATURELS, les Evêques trouveraient dans cette » fonction spéciale le principe d'une haute influence sur les dé- » libérations du conseil, si le caractère qui brille en eux et leur » sagesse ne devaient pas la leur faire d'ailleurs promptement » acquérir ! »

Tels sont les avantages de la nouvelle loi.

TROISIÈME PARTIE.

DES OBJECTIONS FAITES CONTRE LA LOI ET DE SES INCONVÉNIENTS RÉELS.

Nous examinerons d'abord les objections.

I. On dit : *C'est une loi illibérale; car elle impose des conditions à la liberté qu'elle donne.*

Cette objection ne peut être faite que par ceux qui demandent une liberté illimitée et sans aucune condition.

Mais NN. SS. les Evêques de France n'ont jamais demandé une telle liberté.

D'ailleurs, la Constitution qui nous régit, en proclamant la liberté d'enseignement, a exigé IMPÉRIEUSEMENT que cette liberté fût soumise à des conditions de capacité, de moralité, etc. (Art. 9.).

La loi qu'on attaque ne pouvait donc supprimer ces conditions, elle ne pouvait que les réduire : Eh bien ! elle les a réduites :

A rien pour les Petits-Séminaires (Art. 70.) ;

A rien pour TOUS les professeurs, préfets d'études et de discipline, maîtres et surveillants, quels qu'ils soient (Art. 66.) ;

Et presque à rien pour le chef d'établissement ; car, en fait de garantie de capacité, on ne peut descendre au-dessous du baccalauréat, le plus infime des grades.

Quant au stage, il pouvait, il est vrai, n'être que de trois ans ou même être tout-à-fait supprimé ;

Mais on a pensé avec raison que pour gouverner toute une maison d'éducation, il fallait avoir au moins quelque expérience de ces grandes et difficiles fonctions.

On a établi d'ailleurs que le stage serait valable, qu'il ait été fait dans les établissements libres ou officiels, ecclésiastiques ou laïques;

Et que le conseil supérieur pourrait en dispenser « les » hommes *dignes de cette faveur,* les hommes capables de

» rendre de grands services dans la carrière de l'Enseigne-
» ment; mais que leur âge ou la position qu'ils ont occupée dans
» la société détournerait de la pensée d'aller s'enfermer pour un
» long-temps dans une maison d'éducation où ils ne pourraient
» remplir que des fonctions subalternes. Ce sera là, continue le
» rapport de la commission législative dont nous empruntons
» les paroles, ce sera là un acte de justice qui attirera vers la
» carrière de l'Enseignement les hommes que nous désirons le
» plus d'y voir entrer. » (Rapport, page 91.)

Non : cette loi n'est pas illibérale, qui met le moins de conditions possible à une liberté, laquelle, aux termes même de la constitution qui nous régit, ne pouvait être accordée sans conditions.

II. On dit encore : *La loi rend l'Eglise complice du monopole, en lui donnant une part de ce monopole; et en consacrant l'alliance du Clergé avec l'Université.*

Mais une telle allégation peut-elle soutenir le moindre examen?

Comment l'Église prendrait-elle une part dans un monopole qui n'existe plus? Car, à moins d'être aveuglé par la plus étrange préoccupation, comment voir encore le règne du monopole universitaire sous l'empire d'une loi qui permet à tout Français, âgé de vingt et un ans, d'exercer les fonctions d'instituteur primaire; et à tout Français, âgé de vingt-cinq ans, de former un établissement d'instruction secondaire; — le tout sous des conditions, comme on l'a vu, réduites à rien, ou presque à rien?

Quant à l'alliance du clergé avec l'Université, si toutefois on peut dire que l'Université subsiste encore; où verrait-on une telle alliance?

Serait-ce dans l'enseignement libre? — Mais le clergé ouvrant et dirigeant, sous le bénéfice de la loi, des établissements d'enseignement libre, sera l'antagoniste, le rival, non l'allié de l'Universisé!

Serait-ce dans l'enseignement officiel? — Mais est-on l'allié de l'Université parce qu'on siége, avec des magistrats, avec des membres des conseils-généraux, avec de hauts fonctionnaires de l'autorité administrative, auxquels se trouvent joints quelques membres de l'enseignement officiel, dans un conseil supérieur et dans des conseils académiques établis pour surveiller l'Université, pour la réglementer, et aussi pour la contenir au besoin et l'empêcher d'entraver la liberté des établissements privés ?

Non, la loi ne donne pas à l'Eglise une part du monopole : c'est la liberté qu'elle lui donne en brisant le monopole ; et, bien loin d'entrer en alliance avec l'Université, le Clergé, par la loi nouvelle, devient à l'égard de l'Université un concurrent formidable et un surveillant autorisé.

On s'étonne en vérité que de telles objections aient pu être faites à une telle loi par des hommes réfléchis.

III. On insiste et l'on dit : *La loi consacre le monopole de l'Enseignement, car elle en laisse à l'Etat toute la direction.*

Cette objection ne peut être faite que par ceux qui n'ont pas lu ou qui n'ont pas compris le texte de la loi.

Quiconque a lu et compris ce texte dira au contraire : La loi consacre la liberté et la concurrence dans l'Enseignement, parce que, à côté des écoles publiques ou officielles, dirigées par l'Etat, elle établit le droit de fonder autant qu'on voudra d'écoles privées véritablement libres, et absolument affranchies de la direction de l'Etat.

La loi, en effet (art. 15), distingue constamment et soigneusement deux espèces d'écoles :

1° Les écoles *publiques* ou *officielles*, fondées et entretenues en tout ou en partie par l'Etat.

2° Les écoles *libres* ou *privées*, fondées et entretenues par des particuliers, ou des associations.

La loi conserve à l'Etat la direction, l'administration, le gouvernement des écoles *publiques* ou *officielles* : et encore pourrait-on dire que cette manière de s'exprimer n'est pas rigoureusement exacte. La direction de ces écoles, en effet, est exercée avec le concours nécessaire de conseils publics qui se composent et se renouvellent en grande partie par voie d'élection : ce n'est donc pas proprement à l'Etat; ce n'est pas du moins à l'Etat seul, c'est aux représentants élus des grands corps de la société, qu'appartient la haute direction des écoles publiques ou officielles.

Mais, pour ce qui concerne les écoles libres ou privées, prétendre que la loi en attribue la direction à l'Etat, c'est, ou une erreur bien grossière, ou une singulière mauvaise foi, puisqu'il est si clairement établi par le projet de loi, que l'Etat ou les conseils publics de l'instruction, n'auront d'autre droit sur les écoles libres que celui de la simple surveillance, et d'une surveillance exactement définie par la loi, et rigoureusement limitée (Art. 19) *à l'hygiène, aux bonnes mœurs, et au respect de la Constitution et des lois.*

Et, quant aux Petits-Séminaires en particulier, le Gouvernement, comme nous l'avons déjà dit d'après la commission, devra se concerter avec les Evêques, afin que, dans cette surveillance de simple *ordre public*, on évite tout ce qui pourrait froisser les *droits légitimes de l'Épiscopat.*

Il est donc souverainement faux que la loi consacre le monopole de l'enseignement. La vérité évidente, c'est que la loi, au contraire, bannit le monopole de l'enseignement, en y introduisant la liberté et la concurrence.

IV. On insiste encore, et l'on dit : Mais si l'Etat ne doit avoir sur les écoles privées qu'un simple droit de surveillance, et d'une surveillance si étroitement circonscrite, *pourquoi donc est-il question dans la loi de programme d'étude, de méthodes, de règlements.*

La réponse est facile; et il suffit de lire la loi pour trouver cette réponse :

Il est question de règlements : mais c'est seulement pour les établissements d'instruction *publique*, pour les écoles *officielles* (Art. 5.).

Si, dans l'art. 12, il est parlé de réformes à introduire dans *l'enseignement*, *la discipline* et *l'administration*, cet article exprime formellement qu'il ne s'agit là que *des écoles publiques*.

Il est question de méthodes, non dans la loi, mais dans le rapport (pag. 43); mais c'est pour dire *qu'elles sont et doivent demeurer libres, et que, sur ce point, l'instituteur n'a de compte à rendre qu'aux familles*.

La délicatesse, à cet égard, et le respect pour la liberté, ont même été portés si loin, qu'on a renoncé à donner aux inspecteurs le droit de s'enquérir des méthodes, *ne fût-ce que pour les constater*, parce qu'on a craint l'abus possible.

Enfin il est question du *programme d'études des établissements libres;* mais ce n'est que pour en demander le dépôt; et la raison en est très-simple : comme les conditions de capacité sont diverses, selon les différents degrés d'enseignement, il fallait bien qu'on sût de quel degré était l'école que tel ou tel maître se proposait d'ouvrir : s'il y donnerait l'enseignement primaire, ou l'enseignement secondaire, ou l'enseignement supérieur; or c'est ce qu'on ne peut savoir exactement que par le programme d'études.

Cette quatrième objection n'a donc encore aucune espèce de fondement.

V. Mais en voici une qui serait bien autrement grave, si elle était fondée : Le projet de loi, dit-on encore, *consacre ouvertement le système hérétique et schismatique de l'anglicanisme, et ôte à l'Eglise son autorité suprême en matière d'enseignement religieux, pour l'attribuer à la puissance temporelle, au ministre de l'instruction publique et à son conseil*.

S'il en était ainsi, certes ce ne serait pas seulement par des réclamations qu'il faudrait résister à une loi si impie : c'est jusqu'à l'effusion du sang que nous devrions être prêts à pousser notre résistance.

Mais heureusement qu'il n'en est rien; et c'est ici surtout qu'il suffit de lire le texte du projet, pour faire justice d'une si odieuse imputation?

Le projet de loi dit, il est vrai, que l'éducation de la jeunesse *comprend l'instruction morale et religieuse :* voilà ce qu'on lui reproche ; et c'est sur ces paroles qu'on fait reposer tout l'échafaudage des objections les plus outrées.

D'abord, qu'il soit permis de l'observer, ce reproche vient bien tard : car tous les projets de loi précédents en ont dit textuellement autant, et on ne s'en est jamais scandalisé : on eût été au contraire fort scandalisé du silence de la loi sur un point si important ; et c'est bien alors, et avec grande apparence de raison, qu'on se fût plaint de ce que l'Etat voulait donner à la jeunesse française une éducation sans religion, une éducation immorale et impie !

Mais y a-t-il dans la loi une phrase, un mot, où il soit dit que l'*instruction morale et religieuse* sera donnée par la puissance temporelle : c'est là cependant ce qu'il faudrait trouver dans le projet, pour avoir droit de l'accuser d'*anglicanisme*.

N'est-ce pas une chose notoire, au contraire, que, même d'après la constitution actuelle de l'Université ; à plus forte raison, d'après le nouveau projet de loi, l'enseignement authentique de la Religion catholique est donné dans les colléges par les aumôniers, qui instruisent les élèves au nom et sous l'autorité de l'Evêque, comme un curé instruit ses paroissiens? N'est-il pas notoire que cet enseignement est, aux yeux de tous les élèves et de leurs familles, la manifestation authentique et certaine de l'enseignement de l'Evêque et de l'Eglise elle-même? N'est-il pas notoire que, dans les écoles primaires, l'instituteur se borne à faire réciter la lettre du catéchisme et l'histoire sainte sous l'autorité et la surveillance immédiate du curé?

Un pareil mode d'enseignement n'est-il pas diamétralement opposé au système hérétique et schismatique de l'*anglicanisme?*

Qu'on cesse donc de calomnier le nouveau projet de loi, en lui attribuant un vice dont il est si manifestement exempt. Qu'on dise, à la bonne heure, que, d'après la constitution actuelle de l'Université, le ministère de l'aumônier et celui de l'Evêque, n'ont pas toute l'influence qui serait à souhaiter; que leur zèle, en bien des cas, n'est pas assez soutenu par les règlements pour être efficace; que cette efficacité peut être paralysée par le mauvais esprit d'un certain nombre de professeurs indifférents ou même irreligieux : le fait est malheureusement vrai, et le mal certain; mais ce mal, ce n'est pas la loi de M. de Falloux qui l'a créé : c'est elle au contraire qui y apporte des remèdes nouveaux et très-puissants.

Quoi qu'il en soit, il y a ici un fait décisif, éclatant, incontestable, incontesté, de droit public et religieux, et qui domine tout : à savoir que l'enseignement de la religion en France, comme chez tous les peuples catholiques, appartient, en fait aussi bien qu'en droit, à l'Eglise, à l'autorité spirituelle : voilà ce que l'Université, dans ses plus mauvais jours, n'a jamais contesté.

Et quand il s'est rencontré quelques fois des maîtres assez impudents et assez impies, pour enseigner ou insinuer à leurs élèves, d'une manière plus ou moins directe, des doctrines antichrétiennes, la conduite de ces maîtres était une infraction manifeste du droit inviolable de l'Eglise, de la loi du pays et même des règlements universitaires. L'Université, pour les excuser, n'a jamais prétendu leur attribuer le droit d'enseigner ou d'attaquer la religion : cette absurdité n'est jamais tombée dans la tête de personne. La défense de ces professeurs consistait uniquement à nier le fait, jamais à réclamer le droit.

Encore une fois, où est ici l'*anglicanisme?* où sont les principes subversifs de l'autorité de l'Eglise, en matière de dogme ou de morale?

VI. On insiste et l'on dit :

« Le Conseil supérieur et le ministre statueront sur les pro-
» grammes des études qui concernent la religion : sur les pro-
» grammes d'examen des sciences théologiques, si les Sémi-
» naires et facultés de théologie sont déclarés établissements
» de l'Etat : sur l'administration des écoles de l'Etat, même
» pour tout ce qui tient à la pratique des devoirs de la reli-
» gion, et cela en dernier ressort : sur la création des facultés

» même théologiques où devraient se rendre les élèves des Sé-
» minaires : sur l'admission ou l'interdiction des livres, même
» de ceux qui traitent de matières religieuses.

» Le Conseil académique délibérera sur les réformes à introduire dans l'enseignement, la discipline, sans exception, pour ce qui tient à la foi et à la morale chrétienne. »

A toutes ces paroles nous n'avons qu'une chose à répondre : c'est qu'après avoir lu et relu le projet de loi, nous n'y avons absolument rien vu de tout cela. Toutes ces objections ne sont que des suppositions gratuites, non-seulement contraires à l'esprit du nouveau projet, mais contraires même à son texte formel, et aux déclarations expresses de la commission législative.

Nous nous bornerons à citer quelques exemples :

On parle de l'admission ou de l'interdiction des livres, et on ne se donne même pas la peine de distinguer entre les établissements *officiels* et les établissements *libres*. Qui ne sait cependant que le droit d'*admission* des livres ne regarde que les premiers ; les seconds ne sont soumis qu'à un simple droit d'*interdiction*, défini et limité comme il a déjà été tant de fois expliqué.

Le rapport dit expressément (pag. 23.) :

« Les seuls livres qui devront être défendus dans les établis-
» sements particuliers sont les ouvrages contraires à la morale,
» à la Constitution et aux lois. »

Quant à la supposition que le Conseil supérieur statuera sur les livres qui traitent des matières religieuses, elle tombe d'elle-même devant les paroles expresses du rapport, qui déclare formellement (pag. 23) :

« Que les livres consacrés à l'exposition des dogmes religieux
» ne seront admis, dans les écoles publiques ou privées, que
» revêtus de l'approbation de l'autorité religieuse diocésaine ou
» consistoriale. »

On dit que le curé chargé spécialement de surveiller l'enseignement religieux, et la direction morale de l'école, *paraît tenir ce droit de la loi et non de la commission que lui donne son Evêque;* et l'on ne comprend pas la différence essentielle qu'il y a entre *reconnaître* et *conférer* un droit. Ici la loi *reconnaît* le droit de curé sans le lui *conférer*, comme en l'appelant prêtre ou curé, elle *reconnaît* son caractère sans le lui *donner*.

Pour ce qui est de la création des facultés de théologie, où devraient se rendre les élèves des Séminaires, et du programme d'examen des sciences théologiques; il n'y a pas dans le projet de loi un mot qui, de près ou de loin, y ait rapport; et tout le monde sait au contraire que, pour tout ce qui regarde les facultés de théologie, M. de Falloux en avait référé officiellement à l'autorité et à la décision de Nosseigneurs les Evêques et du Saint-Siége.

On dirait en vérité que les adversaires du projet de loi se sont appliqués à y découvrir tout ce qui n'y est pas, et à n'y point voir ce qui s'y trouve le plus manifestement.

On se plaît à attribuer à ce projet tous les plus mauvais desseins, dès qu'il n'en exclut pas la pensée en termes formels. Il y a plus : on lui suppose souvent les intentions même qui répugnent le plus évidemment à son esprit et à son texte.

VII. C'est dans le même esprit qu'on accuse le projet de loi *de consacrer le système impie de l'indifférence en matière de religion, parce que, dans les Conseils, il rapproche des Pasteurs de l'Eglise catholique, quelques membres des cultes dissidents.*

Il faut observer d'abord que cette situation n'est pas nouvelle, comme semblent le supposer les *Cas de Conscience* proposés à Nosseigneurs les Evêques, et livrés préalablement au public avec tant de bruit par les adversaires du projet de loi. Qui ne sait en effet que, dans tous les projets de loi et sous tous les régimes précédents, sous la Restauration comme sous l'Empire et sous le Gouvernement de juillet, le Clergé a toujours occupé une place plus ou moins importante dans les conseils de l'Instruction publique? Qui ne sait que, depuis longues années déjà, les Evêques de France sont membres des conseils académiques? Qui ne sait que sous l'autorité des Evêques, et avec leur approbation, tous les principaux curés siégent avec des laïques, et quelquefois avec des laïques de différents cultes, dans les trois ou quatre cents comités d'arrondissement, dans les trois ou quatre mille comités cantonnaux, et enfin dans les quarante mille comités locaux de l'instruction primaire? Qui ne sait qu'en tous les diocèses, dans toutes les villes où sont instituées les commissions d'examen, pour l'admission des instituteurs primaires, l'Evêque autorise un ecclésiastique à examiner les candidats sur le Catéchisme, sur l'histoire sainte et sur toute la doctrine chrétienne? Qui ne sait enfin qu'il y a toujours eu des aumôniers dans tous les colléges?

Et, quand il se rencontrait en quelques comités de canton ou d'arrondissement, ou en quelques commissions d'examen, un ministre d'un culte dissident pour surveiller les écoles, ou pour examiner les candidats de sa communion, on pouvait assurément s'en affliger, mais personne n'en faisait un scandale : là, comme dans tous les conseils publics, où l'on voit ces sortes de rapprochements, on sait qu'ils ont uniquement leur cause dans la liberté constitutionnelle et la tolérance civile des cultes légalement reconnus, et nullement dans le système d'un *indifférentisme* impie.

Tous ces faits sont, depuis quarante ans, notoires, permanents, décisifs; ils sont connus de tout le monde, sans qu'il soit jamais venu à l'idée de qui que ce soit de regarder pour cela les Evêques, les prêtres et les catholiques de France, comme *indifférents* en matière de religion.

Et comment ne voit-on pas que cette étrange accusation retomberait sur le Saint-Siége lui-même, qui, pendant un si long espace de temps, ou ne se serait pas aperçu de cette situation si déplorable, ou n'aurait pas élevé la voix pour s'en plaindre?

Enfin, s'il faut remonter jusqu'à la première origine de nos malheurs, M. Emery, supérieur-général de Saint-Sulpice ; M. l'Évêque d'Hermopolis, M. le Cardinal de Bausset, M. de Bonald, ces hommes vénérables et illustres, et tant d'autres prêtres et catholiques dignes de respect, qui ont siégé dans les conseils de l'instruction publique en France, auraient donc tous été complices et fauteurs du système impie de l'*indifférentisme!*

VIII. Le projet de loi, dit-on encore, *a contre lui une décision importante émanée de Rome, le Rescrit de 1847, adressé aux Evêques d'Irlande.*

On pourrait dire avec bien plus de raison : Le projet de loi a pour lui une décision importante émanée de Rome, le Rescrit de 1841 adressé aux mêmes Evêques d'Irlande, et n'a point contre lui le Rescrit de 1847.

En effet, en 1841, un Rescrit de la sacrée Congrégation de la Propagande, autorisa les Évêques d'Irlande à accepter le système national d'instruction primaire, créé par le *bill* de 1831.

Et cependant, ce système est incomparablement moins favorable à l'Eglise que celui offert à la France par la loi projetée!

En Irlande, comme chez nous, il y a à la tête de l'enseignement une commission ou *conseil supérieur*.

Mais en Irlande, dans un pays dont les sept huitièmes sont catholiques, ce conseil composé de douze membres *entièrement à la nomination d'un gouvernement hérétique* et par lui révocables, compte à peine dans son sein *trois ou quatre catholiques, ayant pour collègues*, par une disproportion révoltante, *six anglicans* et *deux presbytériens* (1) Chez nous, au contraire, tous les membres sont catholiques, à l'exception de deux sur vingt-six.

De plus, ce conseil supérieur d'Irlande, composé en si notable partie d'hérétiques, est investi des pleins pouvoirs de l'É-

(1) Aujourd'hui les catholiques sont : Mgr l'*Archevêque de Dublin* et trois laïques; les anglicans, l'*Archevêque anglican de Dublin*, le prévôt de Trinity-Collége, le sollicitor général (avocat-général) et deux laïques ; les presbytériens, un R. M. Henry et un avocat.

tat, pour régler tout ce qui se rattache à l'Enseignement : Il soutient et dirige une *école normale* pour former les instituteurs, et dans cette école d'une influence si considérable sur l'enseignement, *les protestants occupent la moitié des chaires.*

Le même conseil nomme et envoie les *inspecteurs;* et ces inspecteurs, qui ont droit de tout examiner depuis la capacité des maîtres qu'ils peuvent destituer, jusqu'aux ouvrages qu'on met entre les mains des enfants, *sont pris encore pour moitié parmi les protestants.*

Enfin, c'est encore ce conseil supérieur composé en grande majorité d'hérétiques déclarés, qui arrête *tous les programmes, tous les règlements,* même pour la tenue intérieure des écoles, *et qui règle tout ce qui tient aux livres.*

Signaler les immenses avantages du projet de loi français, comparé avec un tel système, serait chose inutile et fastidieuse : il faudrait renouveler toute une exposition qui a été faite, avec des développements déjà trop longs.

Ajoutons seulement une bien simple observation : c'est que ces écoles d'Irlande, organisées comme il vient d'être dit, sont véritablement des *écoles mixtes,* dans toute la propriété de l'expression ; tandis qu'en France, dans un pays où la profession d'un culte hétérodoxe est une si rare exception, nos écoles pourront bien sans doute compter sur leurs bancs et dans leurs chaires un nombre plus ou moins grand d'élèves et de professeurs mauvais catholiques ; mais cette circonstance, si déplorable qu'elle soit, ne suffira jamais pour constituer des *écoles mixtes,* dans le sens canonique du mot, pas plus que l'union entre une catholique fidèle et un catholique oublieux de sa foi et de ses devoirs ne constitue ce qu'on appelle un *mariage mixte.*

Voilà donc le système d'écoles primaires, que la sagesse de la Propagande crut pouvoir, en 1841, laisser aux Evêques d'Irlande la liberté d'accepter, faute de mieux ; et cela sans craindre que ni l'acceptation que les Evêques en feraient, ni la place même qu'ils pourraient occuper dans le conseil supérieur, en face d'une majorité protestante, pussent les rendre fauteurs ou suspects d'*anglicanisme*, de *schisme* et *d'hérésie*.

C'est ce Rescrit de 1841, relatif aux écoles primaires d'Irlande, auquel il aurait fallu faire attention dans la controverse présente, d'autant plus que les adversaires de la loi de M. de Falloux ont été obligés de convenir que l'Eglise retirait chaque jour du système anglais les plus grands avantages. Comme la propagande l'avait prévu, « l'expérience a réussi : les préven-» tions contre les dangers de ce système se sont à peu près dis-» sipées devant les résultats obtenus par sa mise en pratique. » Les catholiques en retirent de tels avantages, que les Evê-» ques et le clergé protestants n'en veulent plus. L'épiscopat » anglican signale sa propagation comme la ruine de l'Eglise » officielle en Irlande. »

Le projet de loi français, avec d'incomparables avantages et une supériorité décisive, a donc pour lui le Rescrit de 1841.

Mais de plus, il n'a pas contre lui celui de 1847.

En effet, l'argument *à pari* qui fait le fond de cette objection, a le malheur de pécher par le défaut le plus capital en ces sortes d'arguments, le défaut de parité entre les termes.

Ce que le Rescrit de 1847 improuve pour l'Irlande, c'est tout autre chose que ce qui fait l'objet du projet de M. de Falloux pour la France.

Dans le projet anglais, il s'agissait d'Établissements d'enseignement supérieur, offerts à l'Irlande par le gouvernement; et qui devaient être régis par lui.

C'est ce gouvernement *schismatique et hérétique déclaré* qui devait nommer *tous les professeurs*, dont le choix lui était expressément réservé. Rien n'empêchait que ces professeurs ne fussent un jour tous anglicans ou presbytériens.

Les catholiques, il est vrai, pouvaient aussi être nommés aux chaires, mais à la charge de s'interdire, par un serment formel, *toute proposition injurieuse ou* IRRESPECTUEUSE *pour les convictions religieuses d'une partie quelconque de leur auditoire;* c'est-à-dire, sous l'obligation de sacrifier la liberté de leur parole, et de renoncer à ce qui, pour un catholique, est toujours un droit inaliénable et souvent un rigoureux devoir, la haute et franche profession de sa foi. Tel était le prix que le gouvernement anglais mettait à la fondation des Facultés de Belfast, de Cork et de Gallway. On conçoit tout ce que de telles conditions pouvaient renfermer de dangereux pour la jeunesse orthodoxe, et comment on pouvait hésiter à recevoir un bienfait si équivoque de la part d'un gouvernement schismatique, hérétique formel, et toujours oppresseur, tantôt violent, tantôt insidieux de la foi et de la liberté religieuse des Irlandais depuis trois siècles. Aussi une partie des Evêques d'Irlande pensa-t-elle qu'admettre un pareil système, ce serait acheter trop chèrement les avantages que pouvaient présenter les établissements proposés; et ce fut aussi la décision que rendit la Congrégation de la Propagande dans son Rescrit de 1847.

Voilà donc de quoi il était question pour l'Irlande, et ce qui donna lieu au Rescrit invoqué dans l'objection.

Mais en France, et dans le projet de loi de M. de Falloux, qu'y a-t-il qui, de près ou de loin, ressemble à cela?

D'abord, ce n'est pas d'*enseignement supérieur*, mais d'enseignement *primaire et secondaire*, qu'il y est question; et il faut bien que cette différence ait quelque valeur, puisque, en 1841, lorsqu'il s'agissait pour l'Irlande de l'organisation de l'instruction primaire seulement, la même autorité qui, en 1847, réprouve les facultés mixtes pour l'enseignement supérieur, laissa aux Evêques la liberté d'accepter un système d'écoles mixtes pour l'enseignement primaire.

Mais, outre cette différence essentielle, il y en a une autre plus profonde encore, et qui résiste plus fortement à toute espèce d'assimilation entre la question, qui fait l'objet du Rescrit de 1847, et celle du projet de loi français.

En France, ce n'est pas un gouvernement schismatique formel, hérétique déclaré, antipapiste irréconciliable, qui prétend fonder des écoles publiques, où il se réservera le choix des professeurs; qui prendra peut-être la plupart de ces professeurs parmi les protestants, et qui, s'il permet à des voix catholiques de s'élever dans les chaires des ces écoles, ne le fera qu'à la condition qu'elles ne seront pas libres. Non, ce n'est rien de tout cela chez nous.

C'est un gouvernement en rapport avec Rome par les Concordats, et par les relations ordinaires qui lient au centre de l'unité tous les Etats catholiques; un gouvernement auquel le Saint-Siége laisse la faculté de présenter aux Evêchés; un Gouvernement qui peut bien, sans doute, avoir le malheur et le tort de laisser peser encore sur l'Eglise quelques entraves, mais qui après tout, n'est ni oppresseur, ni persécuteur de la foi; c'est un tel gouvernement, à la tête d'une nation à peu près tout entière catholique, qui dit aux Evêques deux choses :

1° Soyez libres de fonder, sur toute l'étendue du sol français, autant d'établissements d'éducation qu'il vous plaira, et dirigez ces établissements comme vous l'entendrez; je ne m'y réserve d'autre droit que celui d'une surveillance d'ordre public, laquelle ne peut avoir pour vous rien d'onéreux.

2° Aidez-moi à améliorer mes propres écoles. Vous vous êtes plaints pendant quarante ans que ces écoles fussent livrées au monopole, et placées sous la direction souveraine, absolue, d'une corporation dont l'esprit vous inspirait de justes inquiétudes; eh bien! non-seulement je brise le monopole, mais je veux briser encore cette direction souveraine, absolue de la corporation universitaire. Je veux substituer à cette direction en quelque sorte domestique, celle de Conseils publics composés d'hommes éclairés, respectables par leur position sociale, impartiaux, qui soient les représentants de la société tout entière veillant par eux sur la bonne éducation de ses enfants.—Dans ces conseils une place vous était due; je vous l'offre, et je vous invite à l'accepter pour venir prêter à la société le concours de votre sagesse et de vos lumières dans ce grand-œuvre de l'éducation publique.

Voilà toute la pensée, voilà toute l'économie de la loi projetée.

Cette loi, on le voit, nous donne incomparablement mieux

que ce que le Rescrit de 1841, a si sagement autorisé; et elle n'a rien de commun avec ce que le Rescrit de 1847 a improuvé (1).

IX. Les Evêques, dit-on enfin, seront en minorité, dans le conseil supérieur et dans les comités départementaux; et ainsi, par le seul fait de leur présence, *ils porteront la responsabilité des choses mêmes auxquelles ils auront refusé leur concours, et en particulier des décisions contraires à la foi, qui seraient prises par la majorité malgré eux.*

Pour répondre à cette objection, la seule qui ait une gravité apparente, quelques simples observations suffiront, on l'espère.

1° Avant tout examen, il est impossible de ne pas remarquer ici un fait véritablement surprenant. Comment se fait-il

(1) En Angleterre et en Irlande, il existe une certaine mesure de liberté pour l'enseignement secondaire; une liberté absolue même, sous quelques rapports; mais il faut bien remarquer que cet avantage, si lentement et si laborieusement conquis par les Catholiques, ne date pour eux que de l'époque de l'émancipation; et qu'à côté de la liberté accordée à regret aux particuliers, subsiste encore contre les Ordres religieux l'iniquité des anciennes lois exclusives qui n'ont jamais été rapportées.

De plus, la liberté accordée aux particuliers a même ses réserves qui ne sont rien moins que libérales, et qui en réduisent étrangement la portée. Nul ne peut être admis aux grades scientifiques, s'il n'a étudié dans une des Universités de l'Etat, ou s'il n'appartient à un des rares colléges *incorporés* à ces Universités. Ce régime date de Henri VIII, il est encore aujourd'hui en vigueur; et les colléges de quelque importance ont tous senti la dure, mais inévitable nécessité de subir cette *incorporation*.

Or, il faut bien le remarquer, le droit de fonder des Universités et le droit d'y *incorporer* des colléges est un droit régalien que la Reine seule exerce par son bon plaisir. De sorte, en définitive, que la constatation officielle de la science, que la clef des hautes dignités et des plus importantes professions libérales, sont exclusivement entre les mains du Pouvoir, d'un Pouvoir hérétique formel, anticatholique, antipapiste.

Pour arriver aux grades, il faut donc, en Angleterre et en Irlande, un *certificat d'études:* et n'ont droit de délivrer ce certificat que les Institutions *autorisées* par lettres patentes d'un Pouvoir hérétique, formel et déclaré.

Voilà cependant ce qu'on a cru devoir présenter comme le modèle, l'idéal de la perfection à laquelle nous autres Catholiques de France devons aspirer: inadvertance inconcevable, et que la préoccupation de l'esprit de parti peut seule expliquer!

Enfin, il faut bien observer que l'Université de Londres, la seule en Anque l'introduction du Clergé dans les Conseils de l'Instruction publique, qui est le point de la loi sur lequel certains catholiques ont pris le plus d'alarmes, soit précisément celui qui a excité les répugnances les plus profondes, les répulsions les plus persévérantes, et les plus vives colères des ennemis de l'Église ?

Certes, un tel fait est digne d'une profonde réflexion.

Il faut qu'on le sache bien : l'introduction dans le Conseil supérieur de trois Archevêques et Évêques, *non pas désignés par leurs siéges, non pas choisis par le Gouvernement ; mais désignés et choisis par tous leurs collègues;* l'Institution des comités départementaux, la place importante que dans chaque diocèse Nosseigneurs les Evêques et le clergé pouvaient y occuper, et la part d'influence profonde qu'on s'attendait bien qu'ils prendraient nécessairement bientôt, dans l'instruction

gleterre qui ne soit pas purement et absolument anglicane, ne se compose que de professeurs choisis par l'Etat, et en grande majorité anglicans ; et ce sont ces professeurs qui sont chargés de délivrer souverainement les grades, d'arrêter sans aucune espèce de contrôle et arbitrairement le programme annuel des examens; faisant d'ailleurs leurs cours dans la plus complète liberté, sans être astreints au respect de quelque religion que ce soit ; n'ayant au-dessus d'eux ni inspection gouvernementale, ni surveillance aucune : étant par conséquent les maîtres absolus de la direction qu'ils donneront à l'enseignement et à la science.

Et cette Université, investie d'un pouvoir si grand, si exhorbitant, si tyrannique, contre laquelle on a formulé, non sans raison, les plus vives accusations d'athéisme, elle a pris une telle faveur, qu'aujourd'hui vingt-huit ou trente colléges ont sollicité et obtenu d'y être incorporés, et que tout récemment encore deux établissements catholiques d'Irlande y ont été rattachés sur leur demande.

Au fond, et pour résumer, il y a donc en Angleterre :

1° Un *monopole royal* pour les GRADES, lequel est réparti entre les Universités de l'Etat.

2° Un *monopole royal* pour le droit de délivrer les CERTIFICATS D'ÉTUDES, lequel droit est conféré arbitrairement à certains établissements, par la seule volonté du souverain.

3° Et, au-dessous de ce monopole, des institutions privées, qu'on appelle libres, mais qui ne peuvent ni donner des certificats d'études, ni conduire aux grades : étrange liberté, qui ne permet à ces établissements ni de constater authentiquement la science dont ils distribuent le bienfait, ni d'ouvrir à ceux qui la reçoivent d'eux les carrières auxquelles la science donne droit ! voilà la liberté qu'on admire, qu'on exalte, qu'on envie !

primaire comme dans l'instruction secondaire, et dans l'instruction supérieure même :

Voilà, après la liberté conquise pour tous, et parfaitement assurée par les réformes que nous avons énumérées plus haut, voilà quel fut en effet le point capital du débat.

Les chefs de l'Université le comprirent pour leur part, et il n'y a pas d'efforts qu'ils n'aient faits pour l'emporter ici. La liberté d'enseignement, bien qu'ils ne l'aimassent guère, leur faisait moins peur que l'institution des comités départementaux AVEC LES EVÊQUES PRÉSENTS. Sur ce point, la résistance universitaire fut désespérée; l'Université se sentit blessée au cœur, et jeta un cri. Entre ses représentants et nous, la lutte alla jusqu'à la dernière extrémité. Ils ne cédèrent pas, nous leur devons cet hommage : ils furent vaincus.

Il n'y a rien où M. Cousin surtout ait déployé plus d'énergie : c'est pour empêcher l'institution des conseils départementaux, et délivrer le recteur de la présence redoutée de l'Evêque, que M. Cousin dit à M. Thiers : « Il y a vingt ans que nous sommes » amis. Si vous soutenez cette loi, qui est l'humiliation et la » ruine de l'Université, je vous combattrai partout, toujours; » pour vous combattre, j'accepterai tous les secours ! »

M. Cousin disait encore : « En multipliant nos recteurs, » vous les diminuez : ils ne sont plus rien. Que voulez-vous » que devienne un pauvre recteur, en présence de l'Evêque qui » sera là, inamovible, sur son terrain, dans son Diocèse, en» touré de ses diocésains, appuyé de tout son Clergé? » et traitant, aurait pu ajouter M. Cousin, des questions où son caractère lui donne nécessairement une autorité si prépondérante ; et, auprès des pères de famille, une influence si décisive, surtout quand il s'agit de l'intérêt de leurs enfants.

Aussi est-il bien remarquable que le premier changement que le conseil-d'Etat a essayé de faire subir à la loi de M. de Falloux, ait été de supprimer les comités départementaux, et d'affranchir ainsi les universitaires de cette présence tant redoutée des quatre-vingt-un Evêques de France et de leur Clergé!

Mais ce qui est plus remarquable et plus étonnant encore, c'est que plusieurs catholiques n'aient pas compris la valeur et la portée d'une telle disposition, alors que nos ennemis la redoutaient si fort, et la repoussaient, on peut le dire, avec toute l'énergie qu'inspire l'instinct de sa propre conservation ! Certes, ces impressions et cette conduite de nos ennemis formaient ici à elles seules, pour quiconque sait réfléchir, un de ces *préjugés légitimes* qui, avant tout examen, résolvent d'avance les questions.

2° Entrons maintenant dans le fond de l'objection.

Quand on se plaint que le Clergé soit en minorité dans les Conseils, que prétend-on? Voudrait-on qu'il n'y fût pas du tout, ou voudrait-on qu'il y fût en majorité?

Qu'il n'y fût pas du tout? — Sans redire que c'était là le vœu des universitaires, il importe et il suffit de rappeler ici l'esprit du projet de loi.

Quelle est la pensée dominante du projet de loi? C'est de confier, non plus à l'Université, mais à la société elle-même, à ses représentans les plus élevés, les plus dignes, les plus fermes, la protection et la surveillance des écoles libres, le gouvernement et la direction des écoles officielles.

Cette grande pensée conçue et mise à exécution, les Evêques, les prêtres pouvaient-ils être laissés en dehors d'une telle œuvre? Le Clergé pouvait-il n'être pas compté au nombre des forces les plus élevées de la société? La société ne devait-elle pas les appeler? Le législateur pouvait-il les exclure?

Qui peut avoir un doute à cet égard? Et si l'on n'avait pas vu un seul ministre de la Religion dans les conseils de l'Instruction publique en France, qui n'en eût été effrayé, qui n'eût crié au scandale! — Ils devaient donc y être appelés.

Mais pouvaient-ils y être en majorité? — Qui l'eût osé demander?—Qui l'eût obtenu?— Alors que la difficulté d'emporter même ce que la loi accorde sur ce point est allée si loin, est montée si haut, qu'elle a touché visiblement aux limites de l'impossible!

La question n'était donc pas, si le clergé serait en majorité dans les Conseils : la question, c'était de savoir si le Clergé appelé par le législateur, et admis après tant de luttes, devait s'exclure lui-même. Et, dans cette question, il y en avait une plus générale encore : il s'agissait de décider en principe, si les Evêques, si les Prêtres doivent se bannir eux-mêmes de toutes les réunions, de toutes les assemblées, où leurs droits civils et religieux, où la confiance publique, où le salut des âmes et les besoins de la société les appellent, où le suffrage de leurs concitoyens, et le vœu de la loi leur préparent une place et leur permettent, bien qu'en minorité, d'empêcher le mal, et de faire sinon le bien absolu, au moins tout le bien qui dépendra d'eux.

Telle était la question.

Mais cette question n'en est pas une : le simple bon sens suffit pour la résoudre ; et elle a été résolue déjà mille fois par l'Eglise elle-même dans tant de conseils, où elle a permis, de tout temps, à des ecclésiastiques de siéger, quoique en minorité, avec des laïques ; bien que, dans ces conseils, il dût s'agir souvent de matières, où les intérêts temporel et spirituel se trouvaient mêlés. Et tout récemment encore le Saint-Siége n'a-t-il pas approuvé la présence de quelques membres du Clergé dans les assemblées politiques de la France?

Il ne peut donc y avoir de doute à cet égard.

3° Mais, dit-on, nos Evêques, en minorité dans les conseils de l'Instruction, ne s'exposent-ils pas à *porter la responsabilité des décisions contraires à la foi, qui seraient prises par la majorité malgré eux?*

Ici se présente encore une observation capitale et de simple bon sens :

Pour tout cet ordre de questions auxquelles se rapporte l'objection, sur les questions qui sont *purement spirituelles*, les questions de *foi* et de *morale*, il est manifeste que Nosseigneurs les Evêques, en prenant place dans un conseil d'Instruction publique, ne viennent pas apporter sur de telles questions un simple vote : c'est une décision et une décision souveraine qu'ils viennent donner. Sans doute les Evêques ne seront pas là pour faire des décrets, comme dans un Concile ; mais ils y seront encore moins pour faire de la controverse. Ils y seront pour signaler toute décision, toute mesure qui blesserait l'orthodoxie, ou froisserait les sentiments catholiques. En de telles matières, sur de telles questions, les Evêques ne seront jamais en minorité, parce qu'ils seront toujours seuls compétents. Le législateur qui appellerait des laïques à controverser avec des Evêques, sur de pareilles questions, serait absurde, et ordonnerait une impossibilité. Sur de tels objets, les Evêques décident et ne discutent pas : et c'est manifestement pour avoir leurs *décisions*, et nous donner par là, à nous catholiques, les garanties auxquelles nous avons droit, et que nous réclamons depuis si long-temps, que la loi offre à nos premiers Pasteurs un siége dans les conseils supérieurs qui régissent l'enseignement en France. Ils sont là, et ils ne ne peuvent y être autrement, comme des juges, des témoins, qui affirment, qui proclament la doctrine de l'Eglise, et déclarent ce qui est contraire à cette doctrine.

Voilà la situation qui leur est offerte; toute autre serait impossible. Nul de leurs futurs collégues, nul des législateurs qui ont proposé cette loi n'imagineront, n'ont jamais imaginé une telle impossibilité.

Et la commission de l'Assemblée législative ne s'est-elle pas d'ailleurs exprimée à cet égard dans des termes qui ne laissent pas l'ombre d'une incertitude? — Nous citons de nouveau les paroles expresses du rapport : « Les Evêques demeureront ARBITRES SOUVERAINS *sur toutes les matières qui toucheraient*, DE PRÈS OU DE LOIN, *à des vérités dont ils sont les* GARDIENS NATURELS. »

Ainsi donc, en appelant non plus seulement, comme autrefois, quelques Evêques et quelques ecclésiastiques, mais chaque Evêque dans son diocèse, chaque curé dans sa paroisse, et trois Evêques choisis et envoyés *ad hoc* par leurs collègues dans le grand conseil de l'Instruction publique, le projet reconnaît solennellement leur droit sacré, imprescriptible, de donner l'enseignement de la Religion ; et de surveiller, de contrôler en ARBITRES SOUVERAINS tout ce qui s'y rapporte DE PRÈS OU DE LOIN.

Jusqu'ici, les Evêques et les curés n'avaient aucun droit ni moyen légal de prévenir les mesures volontairement ou involontairement hostiles à la Religion : aucune surveillance légale à exercer, ni sur les professeurs, ni sur l'administration intérieure des colléges, aucun contrôle légal sur les livres classiques : désormais ils auront le droit légal comme ils ont le devoir spirituel de surveiller partout et toujours, de près et de loin, directement et indirectement, tout ce qui regarde l'enseignement des professeurs, l'instruction et la conduite religieuse des élèves : ils sont appelés dans les conseils, non comme auditeurs bénévoles et témoins passifs des résolutions qu'on y prendra, non pas même seulement COMME EXPERTS LÉGALEMENT RECONNUS, pour éclairer et diriger en matière de religion et de morale les discussions et les actes du conseil ; mais comme ARBITRES SOUVERAINS pour décider en toutes les matières qui y toucheraient, DE PRÈS OU DE LOIN, ce qui est conforme ou ce qui serait contraire à des vérités dont ils sont les GARDIENS NATURELS.

La déclaration assurément ne pouvait être plus claire, ni le témoignage rendu au principe de la Foi plus formel. D'autres, dans les préoccupations d'une inquiétude chagrine et ombrageuse, ont pu voir là un piége tendu au Clergé. Nous, nous y voyons un grand et solennel hommage rendu à l'autorité de l'Eglise, et aux droits sacrés de sa puissance spirituelle.

4° Demandera-t-on quel bien pourront faire Nosseigneurs les Evêques dans les Conseils de l'Instruction, et quel mal ils pourront y empêcher ?

Nous répondrons :

Indépendamment des vérités de la foi dont ils demeureront les *gardiens naturels*, et de toutes les matières sur lesquelles la commission de l'Assemblée les proclame *arbitres souverains*, la présence des Evêques dans les conseils de l'instruction publique sera l'appui le plus efficace donné aux écoles libres, primaires ou secondaires, tenues par des particuliers ou des congrégations. Chaque Évêque sera le défenseur né, actif, infatigable, de ceux de ses prêtres qui auront ouvert des maisons d'éducation, et qui les dirigeront, sous son inspiration; des Corporations religieuses, des chrétiens zélés qui se dévoueront à l'instruction de la jeunesse. Et, si l'on veut considérer, comme nous l'avons déjà fait remarquer, que l'Evêque est là sur son terrain, dans son diocèse, et qu'il est le seul membre inamovible du conseil, on comprendra sans peine que sa puissance de protection ne sera pas un vain mot.

L'Evêque sera là, non pas comme il aurait été dans les anciens *conseils de l'Instruction publique*, uniquement composés d'universitaires; il y sera avec les représentants les plus éminents de la société tout entière : pour donner des avis utiles; pour signaler les vices et les scandales qui pourraient se produire; pour demander les réformes et les améliorations désirables et possibles; pour prêter aux plaintes et aux réclamations des familles une voix et un appui; pour défendre les établissements libres contre les empiétements du pouvoir; pour détruire, au sein même des conseils, les erreurs, les préjugés, les malentendus, qui souvent ne persistent que faute d'être examinés de près et réfutés avec autorité; pour assister à la grande expérience de réformation, qui va se faire sur les écoles publiques; pour en constater les résultats, et, s'il le fallait enfin, pour en préparer une réforme plus radicale, par des mesures et des remèdes plus efficaces encore.

Voilà les biens nombreux, évidents, incalculables dans leur portée, que Nosseigneurs les Evêques sont appelés à faire dans les conseils de l'Instruction publique, et qui sans eux ne se feraient pas. Et voilà aussi pourquoi les universitaires ont fait, font et feront jusqu'à la fin tout ce qu'ils pourront pour renverser l'Institution des comités départementaux, et éloigner le Clergé et surtout les Evêques des Conseils de l'Instruction publique.

5° Nous le savons; et on n'a jamais prétendu le dissimuler :

les Evêques ne pourront pas faire toujours immédiatement tout le bien désirable, ni empêcher tout le mal possible; ils seront quelquefois réduits à d'impuissants gémissements, et obligés de tolérer des abus regrettables, en attendant l'occasion favorable d'y porter remède.

Mais n'est-ce pas ce qu'ils sont obligés de faire en bien d'autres points importants, même dans le gouvernement spirituel de leurs diocèses; et particulièrement en tant d'occasions où ils doivent agir de concert avec l'autorité séculière? N'est-ce pas ce que fait le Saint-Siége lui-même, lorsqu'il accorde, par exemple, au Gouvernement, la police des cultes (Concordat de 1801, art. 1); le droit de concourir à la circonscription des paroisses (Ibid., art. 9); celui de refuser les Curés nommés par les Evêques (Ibid, art. 10); celui de nommer lui-même aux Evêchés (Ibid., art. 5). Est-ce qu'il ne peut pas se rencontrer dans l'usage de ces droits des choses plus ou moins abusives, plus ou moins regrettables? Et toutefois le Chef suprême de l'Église n'hésite pas à tolérer les inconvénients possibles en tout cela, à cause des grands avantages que l'Église recueille du bon accord avec la puissance temporelle, et à cause aussi des inconvénients, bien autrement graves, qu'entraînerait la rupture.

Telle est la marche suivie par l'Eglise, non-seulement dans les temps modernes, mais dans tous les temps; et, si les adversaires connaissaient, ou consultaient mieux le droit public ecclésiastique, ils comprendraient qu'un système d'entente mutuelle et de transaction est, entre les deux puissances, le seul lien de cette concorde que l'Eglise a toujours recherchée; et ils s'abstiendraient de ces principes absolus et cassants, qui sont si opposés à la *sobriété de la sagesse*, tant recommandée par saint Paul, et toujours si admirablement pratiquée par les Souverains Pontifes.

Le système de la séparation séduit au premier abord par sa simplicité apparente et la facilité de son exécution; mais ces avantages, s'il les possède, à quel prix sont-ils obtenus? à la condition d'organiser légalement l'antagonisme ou la discorde !

« Le législateur, dit sagement M. Beugnot, qui, voulant ré-» gler de la manière la plus juste et la plus sage, l'instruction » publique chez une grande nation placerait ses espérances non » pas dans le concours et dans l'union de toutes les bonnes in-» tentions et de toutes les lumières, mais dans la lutte persis-» tante et régulièrement établie des volontés rivales serait » aveugle ou insensé; car, au lieu de chercher à calmer les » passions, comme il en a le devoir, il leur assurerait un ali-» ment durable.

» Qui donc se refuserait de prendre part à cet acte de con-» ciliation si loyalement offert ? Ce ne sont pas les hommes dans » le cœur desquels vivent les principes religieux, car ceux-là » savent qu'il leur est ordonné de faire le bien dans tous les » temps, par tous les moyens, et qu'un jour il leur serait de-» mandé compte d'une occasion qu'ils auraient laissé échapper » et d'un découragement dont les plus formidables obstacles » ne suffiraient pas pour les absoudre. »

Et, pour rentrer maintenant dans les détails de la question qui nous occupe, croit-on qu'il sera plus facile aux Evêques de remédier aux abus de l'Enseignement, en s'abstenant et en refusant leur concours ? Croit-on, par exemple, qu'il leur sera plus facile de remédier aux maux que font les maîtres d'école, dans presque toutes les paroisses, si ces maîtres continuent d'être absolument et légalement indépendants d'eux et des Curés? Croit-on qu'il leur sera plus facile de rendre aux aumôniers, dans les colléges, l'autorité et le respect dont leur ministère a besoin, si ces aumôniers sont privés du puissant appui que leur Evêque leur prêterait nécessairement dans les Conseils ? Croit-on que l'Eglise, que les familles, que la jeunesse chrétienne seront mieux protégés par les Evêques gémissants à l'écart, sous le poids et dans les regrets d'un zèle impuissant, qu'ils ne le seraient par ces mêmes Evêques présents et combattant dans les Conseils ? Et, au contraire, n'est-il pas évident, à qui a des yeux et ne les ferme pas, que, pour une décision moins favorable à l'intérêt religieux qui passerait, malgré l'opposition des Evêques présents dans les Conseils, il en passerait cent, si les Evêques n'y étaient pas?

6° Et quant à la prétendue responsabilité qui pèserait sur les Évêques, en minorité dans les conseils, il faut avouer qu'on s'en est fait un étrange épouvantail :

Depuis quand les membres de la minorité, dans un conseil délibérant, sont-ils responsables des mesures contre lesquelles ils ont parlé, protesté, lutté, voté?

Est-ce que les Evêques ne conserveront pas toujours la liberté de leur parole, pour publier, au besoin, jusque sur les toits, ce qu'ils auraient dit et fait, pour la cause de l'Eglise et de la société, dans les Conseils?

Est-ce qu'ils auront abdiqué, en entrant dans ces Conseils, le droit imprescriptible qui leur appartient, de dénoncer, de flétrir, de combattre au dehors, ce qu'ils auraient dénoncé, flétri et combattu au dedans?

Non, non : quoi qu'il arrive, jamais la responsabilité des Evêques ne sera engagée, vis-à-vis de l'opinion publique, comme on voudrait le faire craindre, tant qu'il leur restera une langue pour parler, et une main pour écrire.

7° — Que si, pour ne rien laisser sans réponse, et pour atteindre jusqu'aux suppositions même les plus extrêmes, — que si, en quelqu'une de ces matières où la résistance invincible est un devoir, l'autorité de Nosseigneurs les Evêques était un jour méconnue, et leurs remontrances foulées aux pieds; si des décisions contraires à la foi, ou des mesures hostiles à la religion étaient prises malgré eux : Eh! bien, dans cette extrémité, difficile à prévoir, une ressource leur resterait toujours : ils se retireraient, accompagnant leur retraite des protestations et des actes que sauraient leur inspirer la gravité des circonstances et la dignité de leur caractère!

En un mot, quelqu'extrêmes que puissent devenir les difficultés d'un avenir inconnu, l'Episcopat sera toujours à temps, s'il le fallait, de consommer, avec sagesse et avec force cette séparation qu'on voudrait lui faire faire aujourd'hui.

Faite aujourd'hui, une telle séparation ne paraîtrait qu'une défiance prématurée, faible et injuste : Prononcée alors, elle aurait toute la valeur d'un anathème solennel et mérité, et deviendrait la protestation la plus énergique et la plus puissante contre les décisions et les mesures dont on n'aurait pu autrement conjurer le péril.

Et ainsi, d'une part, les Evêques se retireraient avec simplicité dans la force et dans la sainte majesté de leur indépendance ;

Et de l'autre, ils auraient prouvé une fois de plus à la société, que l'Eglise ne refuse jamais de répondre à son appel; qu'elle n'est jamais insensible à ses infirmités et à ses périls; qu'elle lui est toujours secourable et compatissante; et qu'elle ne se retire enfin, que là où elle se verrait entraînée dans la solidarité du mal, ou réduite à l'impossibilité du bien.

Semblable alors aux Apôtres, ses pères, elle serait entrée dans la cité en lui offrant la paix et l'assistance ; et si la cité aveugle ou ingrate l'avait repoussée, elle sortirait en secouant au seuil des portes la poussière de ses sandales !

Cette retraite serait tout ensemble honorable et digne, et sauverait tout à la fois l'honneur de l'Eglise, l'indépendance de son caractère, et la renommée de son inépuisable condescendance.

Mais encore une fois, nous portons ici nos prévisions jusqu'aux dernières limites du possible : car, il faut en convenir, il n'est guère de Gouvernement assez fort, ou assez fou, pour s'exposer, de gaieté de cœur, à de telles protestations et à de tels périls !

En tout cas, le Clergé est libre de refuser la place qu'on lui offre dans les conseils de l'instruction : seulement il faudrait le déclarer nettement ; et il suffira pour le satisfaire de supprimer une ligne de l'art. 1 ; deux lignes de l'art. 10 ; un mot de l'art. 14. Dès lors, il n'y aura pas un seul ecclésiastique dans les conseils de l'instruction publique en France : on n'y verra que des laïques; et, le Clergé s'excluant lui-même, on aura supprimé d'un trait de plume ce qui cause les plus grandes terreurs des universitaires. Mais, rejeter toute la loi, et les immenses, les incontestables avantages qu'elle offre, parce qu'un de ces avantages paraît douteux, voilà ce qui serait inconcevable.

Telles sont les objections des adversaires de la loi : nous les livrons, avec nos réponses, à l'appréciation des hommes sages, des esprits sensés. — Pour achever notre tâche, il nous reste à signaler les inconvénients réels qui existent dans la loi ; ceux qu'on aurait pu lui reprocher avec plus de raison, mais que les amis de la liberté d'enseignement n'ont pu empêcher; et qui ont été l'inévitable condition des grands avantages que cette loi offre d'ailleurs. Ces inconvénients, les voici :

1° Les *établissements de l'Etat* subsistent avec les plus grands avantages matériels : ils sont fondés, entretenus par le budget : ce qui est contraire à l'égalité et au développement de la libre concurrence.

2° Les membres de l'enseignement officiel sont *privilégiés* de toute manière ; ils sont payés par l'Etat ; tous les honneurs, tous les encouragements sont pour eux ; ils ont une retraite, etc, etc. Ce qui est encore contraire à l'égalité et à la libre concurrence.

3° La liberté des *communes* et des *départements*, en ce qui touche leur participation à l'enseignement, est très-restreinte.

4° Le *baccalauréat* n'étant pas supprimé, si la collation en est conservée aux Facultés, celles-ci semblent tenir en quelque manière, la clef de toutes les carrières, à l'entrée desquelles le baccalauréat est exigé par l'Etat. On n'a pu obtenir d'exception que pour la carrière de l'Enseignement (Art. 66.).

Il est bon toutefois de faire observer que les Facultés ne seront point chargées de faire le programme d'examen, et qu'elles demeureront d'ailleurs sous la surveillance des conseils supérieurs de l'Instruction publique.

5° Il suit encore du maintien du *baccalauréat* que, si l'on veut être bachelier, on est obligé de faire les études qui y préparent. Mais il est vrai qu'on peut faire ces études dans tels établissements, et d'après telles méthodes, tels règlements, et même tels programmes particuliers qu'on préférera.

6° La *corporation* et la *hiérarchie* universitaires sont détruites; mais l'existence et la position *individuelle* des personnes actuellement attachées à l'enseignement officiel ont été respectées et conservées : cela ne pouvait pas être autrement, nous l'avons vu ; mais cela peut avoir de graves inconvénients, qui néanmoins diminueront avec le temps.

C'est ainsi, par exemple, que les huit membres anciens du conseil de l'Université entrent aujourd'hui dans la *section permanente ;* mais il faut remarquer que désormais des membres appartenant à l'enseignement libre devront également y être admis (Rapport, page 20.).

7° L'exercice de la surveillance d'ordre public et de l'inspection, réduit, il est vrai, à *l'hygiène, à la moralité publique et au respect des lois,* est laissé aux mêmes autorités et aux mêmes inspecteurs désignés par la loi pour les Institutions de l'Etat : ce qui peut encore avoir des inconvénients.

8° La présidence du conseil académique départemental sera peut-être définitivement laissée au Recteur, au lieu d'être donnée au Préfet, ou décidée par élection.

On pourrait indiquer encore quelques autres inconvénients de détail, mais qui ont trop peu d'importance pour qu'il soit nécessaire de s'y arrêter.

CONCLUSION.

On peut juger maintenant à quoi se réduisent les *inconvénients* réels de la loi ; et décider s'ils sont de nature à contrebalancer les avantages certains qu'elle nous offre ; et si, pour ne pas subir ces inconvénients, nous devons sacrifier, au moment même où nous allions en jouir, les conquêtes les plus importantes, les plus inespérées, que nous ayons faites sur nos adversaires, depuis cinquante années.

Car, il importe de le répéter, la loi ne pouvant pas être l'œuvre des seuls partisans de la liberté d'enseignement, ne pas accepter les inconvénients inévitables de cette loi, c'est nécessairement en refuser les avantages.

Dans toutes les affaires humaines, même dans les plus avantageuses, il y a toujours des inconvénients. La sagesse, c'est de balancer les inconvénients par les avantages, et de s'arrêter là où est la plus grande somme de bien. Ne s'attacher à voir que les inconvénients tout seuls, les exagérer à plaisir, en faire triomphe comme d'une découverte, c'est, il est vrai, le propre de certains hommes qu'on ne peut guère éviter de rencontrer dans les affaires; mais il n'y a là que faiblesse et vanité d'esprit.

Le vote du 7 novembre et la joie qu'il a donnée aux révolutionnaires, aux impies et aux universitaires, montre assez ce qu'il fallait comprendre ici, et ce qu'il y avait à faire.

Tous les méchants, tous ceux qui ont combattu l'Eglise, sa liberté, l'indépendance du Souverain Pontife, ont jugé la loi de M. de Falloux si redoutable pour eux, et si favorable à la Religion, qu'ils se sont unanimement levés comme un seul homme pour la faire tomber, et que la presse retentit encore de tous les applaudissements de l'impiété révolutionnaire.

Un autre fait, aussi irrécusable, aussi significatif que le précédent, c'est que tous les représentants catholiques, sauf trois ou quatre, dont la désertion a décidé la victoire de nos ennemis, ont été unanimes contre le rejet de la loi, d'accord en cela avec tous les chefs du grand parti de l'ordre, avec tous les hommes considérables de l'Assemblée, avec tous les plus illustres et les plus anciens champions de la liberté d'enseignement, avec tous les défenseurs du Saint-Siége et de l'Eglise.

Enfin, il y a un autre fait, moins connu, et aussi important à connaître et à constater que les faits précédents, qui les domine et les éclaire tous singulièrement :

On a vainement dit, contre tout bon sens, que la loi de M. de Falloux avait été faite d'accord avec l'Université et en sa faveur ; c'est contre le monopole universitaire et malgré l'Université qu'a été faite cette loi. Le vote du 7 novembre le proclame assez haut. Mais ce qu'il importe qu'on sache, ce qu'une discrétion trop délicate avait fait taire jusqu'à présent, c'est que l'opposition profonde, irréconciliable de l'Université au projet de M. de Falloux date de l'origine, et fit explosion au sein même de la première commission nommée par ce Ministre.

Toutes les grandes reformes opérées par le projet de loi et qui pouvaient, avant peu d'années, changer profondément la face de la France, en la couvrant d'institutions libres et chrétiennes, toutes ces réformes ont été, dans la première commission, des conquêtes très-laborieuses. Ce n'est qu'après des mois entiers de luttes ardentes, sans cesse renouvelées, que les amis de l'Eglise ont successivement obtenu, emporté de vive force :

L'affranchissement des Petits-Séminaires ;

L'admission des Congrégations religieuses, non reconnues par l'Etat, sans en excepter les Jésuites qui furent expressément nommés, et dans lesquels se personnifia comme d'ordinaire toute la question ;

L'abolition du certificat d'études ;

L'abolition des grades ;

La destruction des écoles normales ;

La réforme radicale de l'instruction primaire ;

La dislocation profonde et irréparable de la hiérarchie universitaire ;

La surveillance pour les Petits-Séminaires, expliquée comme elle l'a été par M. Beugnot, et réduite pour toutes les institutions libres *à une surveillance d'ordre public ;*

La liberté des pensionnats primaires, et de l'enseignement charitable ;

Enfin, la grande place réservée à Nosseigneurs les Evêques et au Clergé dans les conseils de l'Instruction publique.

Nous ne pouvons, nous ne voulons pas dire tous les efforts

qu'il a fallu renouveler pendant quatre mois de luttes journalières, pour faire triompher, par la seule force de la discussion, sur tous ces points fondamentaux, la raison, la justice et une sage liberté.

Tous les membres de la première commission en ont assurément gardé le souvenir.

Quoi qu'il en soit, avec la loi nouvelle, on avait obtenu :

1° Ce qui était demandé ;

2° Ce qui était possible ;

3° Ce qui était urgent.

1° Ce qui était DEMANDÉ depuis 1808, 1828 et 1848 ; et on le peut dire ce qui était INESPÉRÉ.

Nous n'insisterons plus sur ce point ; nous dirons seulement que, si le roi Louis-Philippe, il y a deux ans, eût consenti à nous accorder le quart de ce que nous accorde la loi nouvelle, toutes les espérances des défenseurs de la liberté d'enseignement, de ceux qui avaient le plus de confiance dans le succès, et qui élevaient au plus haut degré leurs vœux, eussent été dépassées.

2° Ce qui était POSSIBLE.

Il y a une question que les adversaires du projet de loi ne semblent pas avoir jugé à propos de se poser : c'est la question du *possible*.

C'est pourtant une question capitale en toute affaire.

Il est assurément très-facile et très-commode de se créer un monde fantastique ; de ne tenir compte ni des hommes, ni des choses ; de ne s'occuper ni des dangers, ni des difficultés, ni des impossibilités d'une situation. Alors on respire à l'aise dans la région des idées. L'égoïsme et l'amour-propre trouvent ici d'ailleurs, à leur insu, le compte de leurs intérêts les plus délicats. On dégage sa responsabilité : en spéculant théoriquement sur l'avenir, on rejette dans le présent sur ceux qui agissent et qui se dévouent, le poids des embarras, des chances incertaines, des inconvénients inévitables.

L'histoire de tous les temps prouve qu'il y a toujours eu de ces esprits tout à la fois spéculatifs et inquiets, qui, au-delà de la sphère de convention où ils s'agitent, ne trouvent rien de vrai, rien de bon, rien de tolérable ; et qui ne savent plus seulement distinguer ce qui est absolu de ce qui est relatif, ce qui est bon de ce qui serait parfait, ce qu'on peut accepter de ce qu'on devrait préférer ; haissant jusqu'au *bien* par l'amour exclusif du *mieux*.

Le *mieux* est assurément toujours désirable, mais il n'est pas toujours praticable : et alors, quand on s'y aheurte, il devient un piége, parce que, sans pouvoir atteindre le *mieux*, on laisse périr le *bien*.

Sans doute, on pouvait désirer que l'Instruction publique fût entièrement et exclusivement confiée à l'Eglise ; que du moins, dans le conseil supérieur, il y eût douze ou quinze Évêques au lieu de trois ; que, dans les conseils départementaux, on ne comptât que des Prêtres, des Religieux ou des catholiques fidèles ; qu'en l'absence absolue de tout grade, de tout brevet, de tout diplôme, un stage de quelques semaines, répondît aux conditions qu'exige la Constitution pour la capacité et la moralité. Tout cela eût été *peut-être* parfait, — si cela eût été possible !

Mais la sagesse demande qu'on ait d'autres pensées, et qu'on exprime d'autres vœux : la sagesse demande qu'on tienne compte de ce qui se peut : la sagesse demande qu'on se souvienne de cette parole que le savant Pontife Benoît XIV empruntait à saint Augustin : *Exigendum est à nobis, non quod volumus, sed quod possumus.*

Saint Augustin disait encore, dans le même sens : *Non fortia, sed possibilia.*

Ah ! sans doute, on peut rêver un meilleur état de société que le nôtre. Mais ce n'est pas en rêvant, ce n'est pas en déclamant ses rêves qu'on l'améliorera.

On l'améliorera en saisissant avec intelligence et avec charité toutes les occasions d'être utile et de faire le bien !

Ah ! sans doute, le bien sera difficile, laborieux ; mais depuis quand le bien, le vrai bien est-il à d'autres conditions en ce monde? Croit-on le faire plus facilement en maintenant notre affreux *statu quo*, en éloignant chacun de la part de travail que les périls de la société lui imposent, en excitant avec amertume le découragement dans les âmes?

Oh! que nous aimons bien mieux, que nous admirons plus volontiers, au milieu de cette agitation misérable des esprits, la sagesse, la fermeté, la clairvoyance et la charité de l'Eglise et de nos premiers pasteurs! Là se trouve aujourd'hui une consolation profonde et toute l'espérance de l'avenir pour ce triste pays, où il semble que les honnêtes gens ne sachent s'unir que pour combattre, et où ils ne s'unissent presque jamais pour édifier! Etrange manie de discuter toujours sans vouloir mettre jamais la main à l'œuvre! L'Eglise a d'autres habitudes, une autre fermeté, une autre sagesse, un autre zèle : l'Eglise fait partout et toujours tout le bien qu'elle peut; l'Eglise ne néglige jamais une occasion de faire le bien.

L'Eglise ne repousse jamais ceux qui viennent à elle et lui demandent secours : l'Eglise se fait toute à tous pour les gagner tous à Jésus-Christ. Elle est la charité même; elle ne pense pas le mal, elle croit tout, elle espère tout, et chose merveilleuse, sa prudence n'est jamais égarée par l'excès de sa charité!

L'Église ne discute pas tant, mais elle travaille davantage; elle travaille constamment et partout. Quand le terrain est mauvais, elle y prend plus de précautions et l'arrose de plus de sueurs; Quand elle ne peut poser trois pierres l'une sur l'autre, elle en pose une, puis deux. — A quoi bon ces pierres, disent les oisifs et les critiques?—Et c'est sur ces pierres, assemblées au milieu des tempêtes, que les révolutions passent, que les nations se rasseient, et que tôt ou tard se relève l'édifice renversé de leur prospérité et de leur grandeur!

3° Enfin, avec la loi, on a obtenu TOUT CE QUI ÉTAIT URGENT; tout ce que la société en détresse réclame le plus impérieusement, et ce qu'on ne peut lui refuser sans la laisser périr : *un frein* contre le débordement des passions antisociales, dont les maîtres d'école sont les plus puissants propagateurs; *la li-*

berté du bien, afin de lutter contre la liberté du mal, pour les laïques, pour les ecclésiastiques, pour les membres des Congrégations religieuses reconnues et non reconnues par l'Etat ; enfin le *secours de l'Eglise*, à laquelle la société accorde aujourd'hui la juste réparation qu'elle lui doit depuis long-temps, en lui demandant de venir à son aide et de la sauver.

Sans doute, en face de cet appel, de ses avantages, de ses inconvénients, le Clergé demeure maître de donner ou de refuser le concours qu'on lui demande. Mais, au moment de prendre une si grave décision, la prudence lui commande de prévoir et de calculer les suites de son acceptation ou de son refus.

S'il accepte, il s'engage, il est vrai, dans un nouveau et pénible travail ; mais aussi il s'honore en entreprenant encore une de ces œuvres de grand, de noble, de saint dévouement, auxquelles nous pouvons dire qu'il a depuis long-temps accoutumé la France ; et qui sont si bien d'ailleurs dans le génie de l'Eglise : car c'est le propre de l'Eglise, quand elle voit quelque part du bien à faire, de ne se point ménager, de ne s'arrêter jamais devant les obstacles, et moins encore devant de simples alarmes.

Au contraire, si le Clergé refuse, ne s'expose-t-il pas à porter devant l'opinion publique la double responsabilité et du mal qu'il n'aurait pas essayé d'empêcher, et du bien qu'il n'aurait pas même voulu tenter de faire ; et à tort ou à raison, ne l'accusera-t-on pas d'avoir été :

Injuste en exigeant l'impossible ;

Inconséquent en rejetant ce qu'il avait demandé ;

Aveugle en repoussant des avantages inespérés ;

Insensible aux maux de la société, en refusant sa compassion et son secours à des nécessités, à des misères, à des repentirs qui ont si grand besoin de lui ?

Quant à la liberté d'enseignement, qui peut dire alors ce qu'elle deviendrait ?

Il faut l'avouer, cette liberté si nécessaire et tant désirée, vient de subir la plus douloureuse et la plus terrible de toutes les épreuves : Les embûches, les attaques de ses ennemis n'étaient rien en comparaison ; jamais elle ne s'en était étonnée : mais en ce moment elle s'étonne et avec raison ; car le plus grand péril qu'elle pût courir, c'était d'être méconnue par ceux qui l'avaient invoquée, et repoussée par ses amis.

Espérons que la sagesse de l'Eglise nous épargnera ce malheur, peut-être irréparable, et cette honte !

Paris, ce 8 décembre, fête de l'Immaculée Conception 1849.

Les auteurs de ce Mémoire, malgré leur bonne foi et leur attention scrupuleuse, ont pu sans doute se tromper dans l'appréciation si rapide et si détaillée d'une loi qui, dans sa brièveté, renferme trois grandes lois et offre bien des complications difficiles à saisir : aussi n'ont-ils qu'une pensée, c'est de soumettre humblement leur travail à N. T. S. P. le Pape et à Nosseigneurs les Evêques.

www.ingramcontent.com/pod-product-compliance
Ingram Content Group UK Ltd.
Pitfield, Milton Keynes, MK11 3LW, UK
UKHW020422230726
13925UKWH00004B/1564

9 782014 047851